U0647637

逃离绑架

张为志 著

刘建敏 乔丽莎 毛佳丽 阮 凡 审校

双脑的世界

ESCAPE KIDNAPPING
THE WORLD OF DUAL-BRAIN

浙江大学出版社
ZHEJIANG UNIVERSITY PRESS

图书在版编目（CIP）数据

逃离绑架：双脑的世界/张为志著.—杭州：浙江大学
出版社，2022.3
ISBN 978-7-308-22435-2

Ⅰ．①逃… Ⅱ．①张… Ⅲ．①思维科学－哲学理论
Ⅳ．①B80

中国版本图书馆CIP数据核字(2022)第048890号

逃离绑架——双脑的世界

张为志　著

责任编辑	曾　熙	
责任校对	高士吟	
封面设计	林智广告	
出版发行	浙江大学出版社	
	（杭州市天目山路148号　　邮政编码　310007）	
	（网址：http://www.zjupress.com）	
排　　版	杭州林智广告有限公司	
印　　刷	杭州钱江彩色印务有限公司	
开　　本	710mm×1000mm　1/16	
印　　张	14.25	
字　　数	200千	
版 印 次	2022年3月第1版　2022年3月第1次印刷	
书　　号	ISBN 978-7-308-22435-2	
定　　价	68.00元	

浙江大学出版社市场运营中心联系方式：0571-88925591；http://zjdxcbs.tmall.com

序

变

宇宙万象，时时刻刻，变幻莫测。

万物皆可变，世间的一切事物（无论是有生命的还是无生命的）都在持续不断地变化。

"自然界包括无生命的物理世界、有生命的生物世界和人类思维的精神世界。在无生命的物理世界中，存在物质、能量、结构、功能、信息、运动等多方面的集成现象。在有生命的生物世界中，存在生物体物质、能量、结构、功能、信息、生命活动、生物进化等多方面的集成现象。在人的心智活动中，有感知、记忆、思维、智能、情绪、意识等多方面的集成现象。""物理世界、生物世界、精神世界三者之间不是相互割裂的，始终是相互联结与集成的。"[①]

物理世界、生物世界、精神世界，每一分每一秒，都处于形上、形下的变与不变之中。

高新智能科技的日新月异，特别是 ICT（information and communications technology，信息与通信技术）与人工智能的高速融合发展，促进了智能技术与人类知识的系统化、集成化的融合，逐步呈现出了无疆界"智慧共享"的

[①] 唐孝威.一般集成论研究（第二辑）[M].杭州：浙江大学出版社，2017.

现实，触发了人类社会集成化的变革进程。

2008 年，移动手机开始大规模由模拟通信向数字通信转型，这引发了我对科技发展带来的社会变革的思考，并着手编写了《移动智能终端支撑下的非现场经济》一书。书中首次提出了"智慧共享""智慧共享体系""非现场经济"等概念。该书是从我 2008 年的一篇论文扩编而来的。当时智能科技客观上还不甚发达（还是以模拟手机为主，智能手机还很初级），加之成书匆忙，书中部分内容还不够完善，但不影响该书对高新科技发展带给未来社会的两种重要趋势的判断：一是在线式智慧共享体系正在形成与演化，二是一切社会活动的非现场化发展走势。

2015 年，我将该书整理浓缩，改版为《非现场经济意识》[①]一书。2017 年，正值浙江大学 120 周年校庆，为了深度探索物理世界、生物世界、精神世界在新历史环境下的集成现象，进一步阐述非现场经济发展的核心——"智慧共享体系"与"向脑学习"[②]，我在《非现场经济意识》的基础上，撰写了《社会大脑——智慧共享体系的形成与演化》[③]一书。

《社会大脑——智慧共享体系的形成与演化》描述了智慧共享体系的形成与演化路径，并着重指出：首先，科学技术的集成发展改变了分布式认知的环境，数据化的知识及数据化的任务，通过智慧共享体系得到了一个全新的无疆界分布环境；其次，由于分布式环境的改变及多智能体（multi-agent）的介入与参与，不断地改变着这个新环境涌现的特定条件。这些被分布的数据化知识与任务，经过特殊智能体的加工和超级计算机的海量计算、比对、纠错、再计算，最终不断涌现出了原分布者意想不到的结果和本不存在的新数据。这些新数据承载的却是全新的信息与知识，我们称之为机器知识（也有学者称之为暗知识）。这是一种人机混合的全新知识系统，包含生物人知识与

① 张为志.非现场经济意识[M].杭州：浙江大学出版社，2016.
② 唐孝威.一般集成论：向脑学习[M].杭州：浙江大学出版社，2011.
③ 张为志.社会大脑：智慧共享体系的形成与演化[M].杭州：浙江大学出版社，2017.

算法知识的集成共享。

这里需要指出的是：这不但指单台机器、某个算法或单智能体产生的结果，而且指大规模机器自学习的集成或多智能体的协同的结果，从而诞生了一个不同于人的知识体系的人机混合知识体系。随着这个人机混合知识体系的持续壮大，众多的弱人工智能体开始不断在此集成，协同协助。智慧共享体系的自学习功能与涌现功能也就越来越强，很快进入了一个新的高级阶段，开始出现了一定的类脑现象。随着智慧共享体系高级阶段的到来，社会大脑（the sociality brain）便诞生了。

这是一个智能机器与生物人共用的高级阶段智慧共享体系，我们称其为"社会大脑"。

这里的类脑现象是指智慧共享体系反映出的人机整体智慧现象，不同于单个智能体或单体类脑研究（技术层面）。作为单体类脑研究成果的智能体，最终也将被集成在智慧共享体系内，共同展示出人机协同的整体智慧。

《社会大脑——智慧共享体系的形成与演化》观察的是人机知识系统混合发展现象，探寻的是智慧共享体系形成与演化的内在机理。书中也通过分析人机对社会大脑的高度依赖特征，预判了社会大脑的可预设性，初探了新集体意识与自由意志在社会大脑这个共同体中的关联话题，期望最终能重构应对非现场社会秩序与经济秩序的路径。

该书出版后，引发了社会各界的关注与议论，有的读者认为我是一个审慎的乐观主义者。审慎的乐观，源于机理分析与审慎应对。但其中也有不少来自学术界的批评意见，认为"社会大脑"的提法仅仅属于一个隐喻，特别是书中缺乏对人机混合知识体系的形成及人机混合伦理的内在理路的阐述与论证。

这些反馈意见，使我再度陷入了沉思。

社会大脑（智慧共享体系的高级阶段）仅是一个隐喻吗？脑机结合（人

脑与计算机的直接结合）算是双脑吗？双脑世界的另一个脑到底是什么？

面对智能科技的大发展和社会结构的变化，一大堆的新问题又浮现在我脑海里：我们将不得不面对日益进步的人工智能技术与机器知识系统。

正当我苦苦思考这些问题时，我们开展的 TEGGS 实验（即搭建一个小型的国际贸易数字化智能化综合服务平台，这是一个智能集成技术与计算机法律解读技术在国际贸易无纸化领域的应用研究课题，属于法律信息学应用研究范畴，本书将穿插介绍讨论该实验）取得了一些阶段性成果。TEGGS 课题涉及多国口岸的联动实验环境，这个分布环境远远超出了当年埃德温·哈钦斯（Edwin Hutchins，以下简称哈钦斯）的船舰与港口的实验环境（参见本书第一章），并且 TEGGS 实验里的共享体系还直接介入了多人工智能主体的转译行动与系统的直接决策行为。我们开始遇到了真正的麻烦：直接的非人的人工制品介入和人类普遍存在的自然天性，带来了双脑世界治理责任穿透与社会大脑的深度依赖问题。

TEGGS 实验提示了我们一个事实，也许不用等到单体强人工智能诞生的那一天，智能机器或智能体（agent）就已经开始通过这个智慧共享体系，展现出其整体性的高度智能功能，逐步成为社会活动的重要参与主体之一。

于是，我们也就迎来了一个人脑与社会大脑并存的全新双脑世界。

与此同时也引发了一个更深刻的问题：我们会被社会大脑所绑架吗？关于人工智能治理，我们应该首先从法理学还是哲学角度来思考呢？双脑世界可能呈现出怎样的人机生态秩序？社会大脑是否存在"类心智"现象？……

关于智能技术发展引发的对社会变革相关问题的研究，我们可以看到，目前世界各国专家多数是从技术本身、技术治理或技术与法制结合的路径进行的。然而，在科技进步与集成大发展的时代，技术治理主义遇到了多主体协同的不确定性激增的难题。此时，仅靠既有单纯技术治理思维、传统认知科学或已有的社会科学理论（如实用主义理论、具身认知理论、交往理论、分布式认知理论、行动者网络理论）等，均已经无法完整地解答这些新问题与新现象。

2008 年至今，随着社会的发展，很多方面印证了"移动智能终端支撑起的非现场经济"这一趋势和社会大脑的现实存在。"没有了手机，我们的生活会变得麻烦，我们的灵魂被抽走了"这样普遍存在的现实状况，也印证了智慧共享体系的发育与正在壮大的这一事实。

经过一番思考，我决定再次尝试，在《社会大脑——智慧共享体系的形成与演化》一书的基础上，以科学哲学的视野写作《逃离绑架——双脑的世界》一书。

社会大脑与人脑并存的世界的到来，是物理世界、生物世界、精神世界不断集成优化的必然结果。

这个演化过程，是一个人类对世界及人类自身再认识的过程，它既是人类个体心智的演化过程，也是人机共同体概念不断重塑的过程，更是人类社会发展到人机共生类心智出现后的新秩序的演化过程。

本质上，这是我们人类对世间万物关系之变的顺应。

就这个意义上讲，《逃离绑架——双脑的世界》是人类认知理论、秩序理论的再发展，是对传统理论与传统意识形态的一次突破，特别是在如何突破工具理性、意识形态与单纯生物脑心智认知理论方面。我期望：以此为即将到来的人机和谐共生时代与全球经济的新发展，提供某种基础理论探讨的新思维、新方法或新路径。

《逃离绑架——双脑的世界》期望跳出长期以来的人类固有的思维惯性，为智能社会经济的结构与秩序治理变革等问题的思考，提供一个崭新的思维天窗。

唯有高新科技（特别是智能技术）的大发展，才能不断扩展我们人类的认知边界；唯有人类认知边界的不断扩展，才能不断战胜我们与生俱来的不足；唯有不断战胜自身趋利的天性的不足，人类才能始终处于人机共生世界的主导者地位。

《非现场经济意识》《社会大脑——智慧共享体系的形成与演化》《逃离绑架——双脑的世界》3 本书之间，具有关联性和递进性：第一，观察高新技术发展，预测了以现场为主的社会活动主形态将逐步转向以非现场为主的社会活动主形态。第二，观察高新技术集成发展，发现智慧共享体系正在形成，推动了非现场化的加速（即《非现场经济意识》一书的主要内容）。第三，观察智慧共享体系，发现智能体的介入，改变了智慧共享体系涌现的特定条件，使得智慧共享体系出现了某些类脑功能，逐步演化为具有类脑功能的社会大脑（即《社会大脑——智慧共享体系的形成与演化》一书的主要内容）。第四，继续观察社会大脑结构和关注智能伦理，发现社会大脑将是各方（包括人与机）争斗的核心点，探讨如何确保社会大脑的健康发展。第五，观察社会大脑里存在着的类心智现象，发现人机共生和谐治理的根本在于保护大脑，同时致力于为社会大脑培育健康的类心智（即《逃离绑架——双脑的世界》一书的主要内容）。

《逃离绑架——双脑的世界》一书试图不断地结合科技发展和哲学发展的动态，摆脱以往单纯的个体与个体、个体与群体、群体与群体的交往理论解释困扰。以认知拓展、伦理观察及人机秩序治理变化等问题为导向，大步走进一个人类与人工智能体一起交互的新世界。最终希望推导出这样的结论：全世界联合起来，加速高新智能科技发展，重新评估科学主义、人本主义、全球主义、本土主义及其相互关系作为智能世界变量的变化与影响，快速渡过技术发展与区域利益脱钩这个人机和谐初始的基础临界点。

这里，展示的是一个无束缚的自我思辨的过程。也许提出"智慧共享体系""社会大脑""双脑世界""非现场经济文明"等这些概念，特别是在书中首次提出的"智能世界基本矛盾""双脑世界阶级分析与划分""类心智"等观点，会存在一定的学术概念或论证过程的不完善之处。我也不知道会带来多少学术界的批判，特别是当下哲学界普遍存在着"重论证轻思想"的学术逻辑惯性，我只有尽可能努力地去满足一下思辨与论证的平衡问题。

这是一次超越了人类社会与生物脑范畴的新哲学问题的思考，即使现阶段还缺乏一定的深度论证，但我坚信：在人类发展历史的重要转折期，我们应怀有开放的心态去把握物理世界、生物世界、精神世界的集成演化发展及我们人类不断自我革新进化的主脉络，适时地抓住非现场普惠共享的创新文化特征，为即将到来的人类命运共同体智能时代，提供一定的基础理论支撑。

那么，这仍然属于极具历史积极意义的思辨，也欢迎来自各方的声音和交流。

张为志

2021 年 10 月于浙江大学西溪校区

目
录
CONTENTS

第一部分

都是认知惹的祸

知识去向哪里?

人脑对未来知识的不可知性,始终是一个难解的问题。

智能技术大集成的今天,人工制品正朝着高度智能化的方向发展,智能体开始出现了某些类脑功能,诞生了人机混合知识的集成体系,人类脑智也向着更为广泛的时空延伸。

此时,人们不仅开始关心知识来自哪里,也更关注知识去向哪里。

绪
论
FOREWORD

双脑的世界

这是一个物理世界、生物世界、精神世界大集成的时代。

物理世界、生物世界、精神世界不断处于形上、形下的变与不变的状态中，引发了世间万物关系与社会结构的重大变化，极大地改变了个体与个体、个体与群体的沟通方式，客观上引发了人类社会在文化、经济与社会秩序等各方面的重大变革。

"集成不仅在工程系统里发生，也在社会系统里发生，更在工程系统与社会系统之间发生着。"在浙江大学"一般集成论"研讨班期间，唐孝威[①]院士曾多次跟我强调这一点。

进入 21 世纪，新一代信息通信技术与智能工程技术的快速集成，技术集成与社会集成效应，促进了机器知识系统的发展，承载着机器知识的人工智能体，开始介入人们生活的每一个角落。社会活动增加了一个新沟通主体——智能体，出现了多智能体直接参与社会活动的人机协同新局面，人机共生共同体遇到了人机集成带来的行动效果的高度不确定性，给我们带来了智能社会治理责任如何穿透阻挡的新难题。

[①] 唐孝威，原子核物理及高能物理学家，中国科学院学部委员（院士），浙江大学物理系教授、博士生导师。为中国原子弹、氢弹事业做出了重大贡献。目前主要从事生物物理学、医学物理学、核医学、脑科学及意识问题等自然科学交叉学科研究。

众所周知，在当代智能科技发展进程中，实用主义理论^①展示出了其卓越的推动力。然而，在当今的智能世界里，人机界限开始模糊，巨变的人机关系开始挑战"人的价值""人的主体地位"等哲学问题，直接挑战了实用主义的行动效果价值理论，以实用主义为代表的各种当代哲学理论也需要与时俱进地再发展。

科学是在"描述领域"内追求"真相"，自然科学不仅仅是追求真理，而且在追求人类征服自然的力量。在描述性维度上，自然科学具有优先性，这并不意味着我们的哲学、社会学研究发展就停滞了，而是我们的哲学、社会学从诞生之日起就建立在人与人脑的唯一性基础上。但是，人类社会除了自然科学的"描述领域"之外，还有一个重要领域——设计规范（法律/制度/道德/伦理/认知/观念等）。因为所有自然科学都涉及描述性所无法处理的规范性的层面，缺乏表达这些科学自身原理的表述方式。人类生活除了自然领域之外，更多的还涉及规范性层面的相关领域，而哲学恰恰活跃在规范性的领域里，如果哲学跟不上科学，那科学家也就不需要去哲学那里找灵感和方法论了。^②

哲学发展到当代，不论是哪个哲学学派，基本上属于科学主义和人本主义这两大思潮流派。然而，今天的科学技术集成发展，引发了生产力、社会结构、治理需求等的巨变，不论是科学主义还是人本主义，均面临着新的挑战。智能科技的进步不断地拓展着我们的认知边界，我们越来越明白：智能世界的真理，再也不会仅仅存在于"理性主义的推理""经验主义的知觉""实用主义的有用"等之中。

那么，我们对双脑世界应该如何定义与理解？我们又该从何处开始探讨呢？它究竟存在于何处呢？

---

① 实用主义（pragmatism）由希腊词 πραγμα（行动）派生而来，是产生于 19 世纪 70 年代的现代哲学派别，其基本纲领是把确定信念作为出发点，把采取行动当作主要手段，把获得实际效果当作最高目的。
② 潘恩荣，张为志．无科学 不哲学[N]．中国科学报，2018-12-24（07）．

现在，就让我们一起从认知智能科技出发，开启我们"双脑世界"的相关话题讨论。

一、认知的差异与实用主义行动效果

我们已知的知识和生物人的社会经验，往往决定了我们对新事物的认知偏差。

关于智能科技发展引发的社会变革挑战讨论，围绕着人工智能为代表的高新智能科技发展的相关问题，社会各界持各种不同看法，存在着严重分歧。业界多数人是沿着技术路径或围绕某项智能技术产生的直接后果或智能治理的法理方向思考，他们通常把人工智能按其智能程度分为三阶段：弱人工智能，强人工智能，超级人工智能。

总体上看，较为普遍地存在着乐观派与悲观派这两大阵营。

普遍的乐观派认为，人工智能还处在一个弱智的工具阶段，最多就是一种局部仿制人类知识，离生物人脑的机能还很遥远，且永远也不会实现表达人的情感的技术手段。直至今天，人们连自己的大脑机制及意识产生机制都没彻底搞懂，我们的科学家、工程师们如何可能仿制得出人脑的意识情感？加之所谓的强人工智能时代还很遥远，也许永远不会到来，所以，即使强人工智能最终出现，最多也只相当于人类幼儿的智力水平。因此，人工智能的发展不可怕，它只是一个智能工具，我们将无限地得到人工智能全方位的服务，不必过度担心人工智能技术的高速发展会给人类带来巨大威胁的问题。

普遍的悲观派则认为，人工智能是否可控，还不能过早确定，智能技术的发展存在着巨大的不确定性。也许未来，人工智能可能会发展出自我语言与自我意志，一个与我们人类冲突的自我意志。人工智能一旦脱离了人的束缚，以不断加速的状态重新设计自身，万一这种机器意志发展为不可控，那人类将遭到前所未有的威胁，也将给我们人类社会带来灭顶之灾。也就是说，当未来机器知识与人脑智慧完美兼容，人工智能完全有可能发展出具备自我意识的超级机器智慧。人类的自我进化由于受到漫长的生物进化的时间限制而十分缓慢，那时我们便再也无法与之竞争，人类将被其藐视或边缘化，也可能会被其取代及毁灭。

我们认为，这两类观点存在巨大的差异，恰恰表明了当今的争议双方，在新时代科技集成及人机混合知识系统的认知上，均出现了各自重大的基础性认知偏差。

都是认知惹的祸。

我们已知的知识和个人的社会经验，往往决定了我们对新事物的认知偏差。从目前普遍存在的 AI（artificial intelligence，人工智能）乐观派与 AI 悲观派各自所持的观点来看，第一，不论乐观派还是悲观派，几乎都不经意地把人工智能相关的认知，建立在了某种 AI 技术、某个 AI 产品或某个 AI 类功能与一个完整的生物人脑功能做比较的基础上，并由此开展讨论。于是就产生了将一个个单体智能体或智能机器（或机器人）当成像生物人一样的单躯体与个脑一体的智能构造这一假设性思维。第二，不论乐观派还是悲观派，往往把机器知识体系与人类生物智慧当作同一类知识系统来研究，均存在着技术主义的思维惯性，并不自觉地从人类中心出发，按人类知识系统的各项标准，去评判机器知识系统或机器智慧。

不论是乐观派与悲观派，主要的认知误区有：（1）智能体代理性与主体性的混淆错误；（2）单智能体功能与多智能体协作的整体社会大脑[①]（后续章节展开论述）功能的混淆错误；（3）将已有的人类知识与人类社会伦理的法律思维，直接拿来应用于人机混合社会的认知错误；（4）治理的技术主义依赖；（5）没有透过智能体运行机制及人机共生秩序的形成过程，去看待机器的善恶本源。

---

① 张为志. 社会大脑：智慧共享体系的形成与演化 [M]. 杭州：浙江大学出版社，2017.

客观世界已经发生的各种智能实践初步证明：智能科技的集成发展导致了智慧共享体系的形成，人工智能在特定社会活动环境里（包括工业互联网和社交媒体等）所表现出来的某些功能与实际效果，有时确实具有了一些类似生物人智慧表现的事实。但是，只要我们深度细致地去观察，我们就不难发现：人类知识系统与机器知识系统，不是相同的系统。就其各自产生的路径与本质来讲，物理机器知识与生物人类知识是完全不同的两个知识系统（本书第二章的相关内容将会阐述）。

在实际的人工智能相关问题的研究活动中，我们首先可以看到，对于本体（ontology）的定义与认知，哲学领域与信息技术领域存在着较大的差异。

哲学领域的本体是指世界的本原或基质（从古希腊罗马哲学开始），属于形而上学所关注的现实本质（即存在的本质）。信息技术领域的本体是指给出构成相关领域词汇的基本术语和关系，以及利用这些术语和关系构成的规定这些词汇的外延规则，直到完善为共享概念模型的形式化规范说明。

这两个不同的本体定义差异的产生，源于认知要解决的问题的不同：哲学领域探讨解决问题的问题，如社会环境和社会秩序变革等根本问题；信息技术领域着重解决实际具体的问题。

这种本体内涵的认知差异导致了智能社会的工具理性[①]与价值理性[②]冲突被再次放大。

随着科学技术的进步和多智能体的不断介入，智慧共享体系呈现出行动效果的不确定性极速增加（见图1、图2）的状态，我们遇到了行动结果预判的不确定和行动责任穿透阻挡的困扰，实用主义行动过程的公平正义也被人机混合的涌现所打乱。

---

① 工具理性指通过实践的途径确认工具（手段）的有用性，是一种以工具崇拜和技术主义为生存目标的价值观。
② 价值理性是行为人注重行为本身所能代表的价值，即是否实现社会的公平、正义、忠诚、荣誉等。它所关注的是从某些具有实质的、特定的价值理念的角度来看行为的合理性。

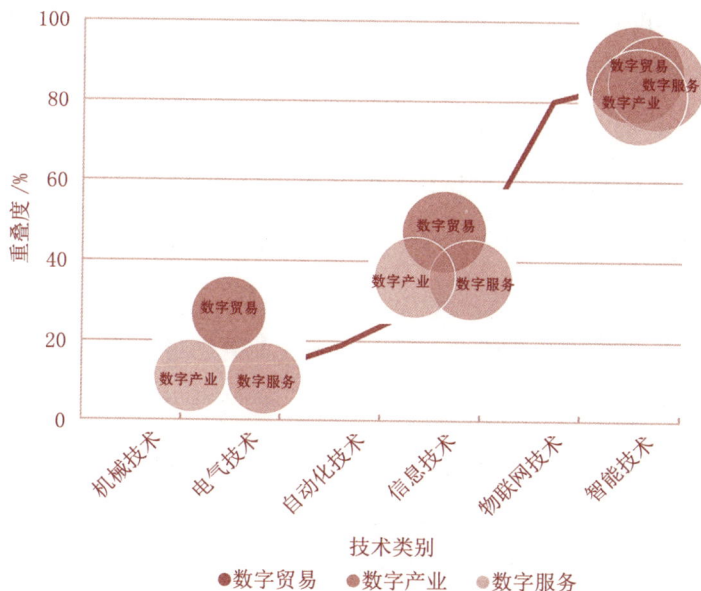

图 1　智能技术推动了"贸产服"三者融合发展

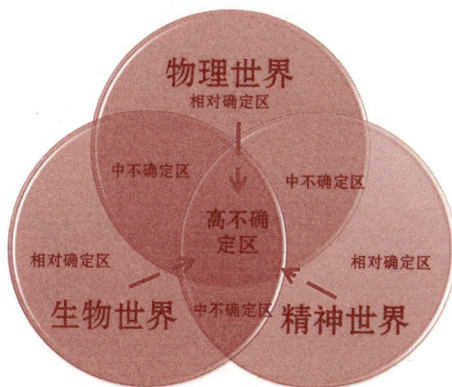

图 2　行动不确定性递增的向心发展

　　单纯的传统实用主义行动效果理论，很难在实践与结果理论范畴内解决人们对智能世界的认知差异问题。

　　钱学森① 在《论系统工程》中曾指出：一些看似不那么可靠的零件（元器件），最终可以组成优秀的最靠谱的系统。钱学森对这个类似哲学问题的阐述，恰恰告诉我们：首先，两个领域的研究不能混淆，一个是关于元器件的研究，一个则是关于元器件集成的系统研究。其次，优化组合是系统的核心，个体和整体是相互作用和相互影响的，那些看似不靠谱或不那么靠谱的个体，在集成组合优化后，会让整体的功能更强大，最终形成最靠谱的集成系统。同样，单个 AI 技术、产品或 AI 类，以及生物人个体脑，相对于智慧共享体系的高级阶段——社会大脑（此概念将在第二章专门讨论）的整体而言，犹如一个个脑细胞或脑神经元。也就是说，各个 AI 产品及各个人脑参与到智慧共享体系里，犹如一个一个脑细胞或脑神经元存在于智慧共享体系的高级阶段——社会大脑之中。

　　这是活性细胞（神经元）功能与整脑功能的区别。此时，我们怎能拿一个一个脑细胞或脑神经元的活跃程度，去比对人机混合且共用的整体性社会大脑的整体功能或智慧？

　　因此，我们要关注的不是某个 AI 技术、产品或 AI 类有多少智能或智慧，或某个 AI 产品是否能接近或超越人类生物脑功能等问题；而是应当关注：当多智能主体与多生物人享有知识与任务，一起被分布与集成到了一个全新无疆界分布环境的智慧共享体系时，智慧共享体系的形成不仅改变了原有的分布环境，而且更为重要的是改变了这个新环境里一般集成涌现的特定条件，使得整个智慧共享体系展现出了超越各参与者之和的优化状态与全新的涌现。

　　这些不断涌现、不断优化的知识，再次集成，再次涌现……

　　我们遇到一个自有人类活动以来从未有过的特殊现象：出现了机器知识，

---

① 　钱学森（1911—2009 年），生于中国上海，祖籍浙江杭州临安。世界著名科学家，空气动力学家，中国载人航天奠基人，中国科学院及中国工程院院士，中国两弹一星功勋奖章获得者，被誉为"中国航天之父"、"中国导弹之父"、"中国自动化控制之父"和"火箭之王"。

出现了机器自学习，出现了机器能动性，智能机器借助智慧共享体系出现了主体性特征。智慧共享体系发展到高级阶段，演化为人机共有的社会大脑。也就是说：首先，人类知识系统与机器知识系统是两种不同的知识体系，机器知识天然带有人类知识基因；其次，这也表明生物人是躯体与个脑一体化的生物体，理所当然地具有主体性；再者，智能机器（包括智能系统或机器人）的躯体与脑分离，单躯体不具有主体性，智能机器有没有发达的个脑不重要，重要的是人机混合知识主要来源于一个日益发达的智慧共享体系。

智慧共享体系的形成与演化是一个不断集成、涌现、优化的过程，特别是技术系统与社会系统的集成优化，使其最终发育成了具有一些类脑功能与类心智特性的体系，智慧共享体系出现了人机共用的"社会大脑"的奇特功效。

知识在于集成，集成在于连接。社会大脑不仅仅是技术集成的产物，更是一个物质世界与社会系统的大集成产物，也许有朝一日，动物智能也会被集成到社会大脑里来，于是，双脑的世界不应该是人脑与计算机技术（或者说是人工智能体或智能技术）简单地直接关联的问题。这时的双脑不再是人脑与电脑构成的双脑世界，更具体地说，不是人脑与单台电脑或单个 AI 技术或 AI 产品构成的双脑世界。智慧共享体系也不是第三脑（脑机接口也只是人脑与社会大脑连接的一个途径，最终连接的不是单台超级电脑，而是统统连接到人机共用的社会大脑）。

双脑的世界只能是：人脑共同指向了另一个脑，即智慧共享体系高级阶段——社会大脑。

这是一个生物人脑与"社会大脑"的共存的世界。

这里的双脑关系实质上是生物智慧与数字智能的关系，属于跨物理世界与生物世界的共享环境与非共享环境关系的再造。

科学技术的进步推动的物理世界、生物世界、精神世界的大集成，不仅改变了分布认知的时空环境，更是改变了人机混合知识涌现的特定条件，使得行动结果越来越无法预判。

智能科技加速了共享环境里所有人的知识、经济、规则、习性等的演化。双脑环境促进了非共享环境的个体感悟、情绪、性格、理性等的进一步演化。这个新现象的出现，不单单是人为创造的，而是万物共生演化的创化结果。

科学技术的进步，需要技术治理的哲学反思，需要认知科学与哲学发展的参与及进步。

我们不仅需要技术层面的研究，更需要哲学层面的人机和谐生态集成研究，需要开展人机共同体的全新认知与共同体行动范式的新理论探索。

不用哲学去澄清特定学科的基本概念，开展新环境的规范性研究，就有可能导致人类对科学及社会发展产生严重误解或阻挡。此时，诸如实用主义理论等科学哲学和认知科学理论等，再不顺应发展，将会在一定程度上妨碍人们对人机共生社会发展真理的探索。

二、社会大脑的类心智与责任穿透阻挡

"哲学学科和跨学科研究，形成了一般科学哲学与科学技术论、自然哲学与分支科学哲学、技术与工程哲学、科学技术与社会、科技与工程伦理、科技史，以及科技文化与传播等相对独立但又有一定交叉的研究进路。"[1]

纵观当今世界智能科技跨学科研究，其主干力量仍以自然科学团体为主，研究的重点也主要表现在物理世界本身的研究、生物世界结合精神世界的研究及物理世界结合精神世界的研究。但是关于物理世界、生物世界、精神世界整体性和谐生态的大集成研究，国内国外均相对较少。

近年来，脑科学在基础研究和应用方面出现历史性的重大突破，科学家在探索大脑认知原理的基础上，开展了类脑人工智能的计算技术研究和器件研发。

① 段伟文，中国社科院哲学所科技哲学研究室主任、研究员，中国社科院科学技术和社会研究中心主任。引文引自：段伟文.走向科技时代的科技哲学发展概观[J].长沙理工大学学报，社会科学版，2021（1）：1-16.

　　类脑智能（brain-inspired intelligence）研究是通过模仿人脑的处理机制建立接近（乃至超越）人类智能的研究方法，已经成为一个热门的学科。我们以为：类脑研究仍属于智能体研究范畴，其研究成果也将被集成到社会大脑之中。换句话说：一个个不断进步的智能体，也将被分布在智慧共享体系之中，进一步促进社会大脑的发育壮大。

　　于是，新问题又来了：由于越来越多的智能体的介入（包括类脑研究成果），社会大脑里产生的人机混合知识越来越丰富，其应用结果也呈现出越来越高的不确定性。

　　智能认知偏差和行动效果不确定性的增加，引发了智能工程伦理和智能世界社会治理的研究方式与对象发生了变化，我们再也无法简单直接沿用人类社会治理思维了，再也不能把人机共生秩序看成单一生物人的法制社会秩序，不得不去掉一些"纯粹单一生物人社会的法理思维"。此时，我们不禁发问：这种生物人无法直接预判的不确定性的背后，是否存在着另一种逻辑，社会大脑是否可能存在着一种"类心智"现象？

　　心智是否不再是人类所特有的现象？

　　浙江大学陈亚军[①]教授在2021年5月的浙江大学"当代认知科学与实用主义大会"上指出："与詹姆斯[②]不同，杜威[③]反对内省研究方法。内省的方法是一种直接的向内观察，杜威认为，这是做不到的，因为假设作为一切观察的前提，其本身不是内省的产物。"陈亚军教授进一步指出：心灵没有一个单一住所，而是存在于整个自然环境与社会环境之中。

　　事实上，人们通过高效的网络机制，与他人沟通互动，产生了情感流动

[①]　陈亚军，曾任复旦大学哲学学院教授、"杜威研究中心"主任、博士生导师。现为浙江大学人文学院教授、博士生导师。
[②]　威廉·詹姆斯（William James，1842—1910年），美国心理学之父，美国本土第一位哲学家和心理学家，也是教育学家、实用主义的倡导者，美国机能主义心理学派创始人之一，亦是美国最早的实验心理学家之一。
[③]　约翰·杜威（John Dewey，1859—1952年），美国著名哲学家、教育家、心理学家，实用主义的集大成者，也是机能主义心理学和现代教育学的创始人之一。

和知识流动。人类的心智之间已经开始构建起一张心智网络（mind net）。如今，受"心智理论"的启发，人工智能技术人员开始尝试搭建一种心智神经网络，通过多智能体 AI 系统的自主学习，模拟与其他智能体进行可理解与可解释的交互，并通过一系列实验证明它具有心智能力，这被称为"机器心智理论"（machine theory of mind）。

一个智能体能"理解"另一个智能体，这意味着什么？

当这些能相互理解的智能体与人脑的理解力被一起集成到社会大脑里，人与机器一起在双脑世界行动时，人机共用的社会大脑是否可能产生另一种形态的特殊心智现象？

沿着机器心智技术路径及实用主义理论发展的路径来看，我们摆脱单一生物脑出发的人机共生"类心智"研究，是可能的，也是必要的，社会大脑存在"类心智"现象同样也是可能的。

我们可以理解成：如果这个假设成立，那么我们的智能社会认知科学理论研究，将可以抛开长期具身意识形态的绑架，来看待人机混合心智的存在问题。也许，我们从此可以跳出传统心理学意识形态的框架，走出一条与生物人心智研究完全不一样的人机共生认知理论的探索新路。

我们把这个研究对象称为社会大脑的类心智研究，简称类心智（mind-inspired）（参见第三章的相关内容）。

我们开展的国际口岸互联互通智能化课题研究实验，对这一研究观点进行了初步证明。2015 年年底，我们开启了《贸易便利化协定》实际成效提升的专项研究。我们课题组经过初步建模的预评估，得出的第一结论是：《贸易便利化协定》实质上是建立在 ICT 与高新技术发展基础上的联合国贸易无纸化行动的落实方案。由于 ICT 专业化程度较高，各国 / 地区科学技术发展水平不同步，加之各国 / 地区法律与区域文化的差异特征，客观上造成了不同国家、不同地域、不同人群在贸易便利化上获利的不平衡。国际社会需要一个全球国际贸易数字化综合服务生态体系，以缓减国与国、地区与地区之间的数字鸿沟，满足各国/地区跨境贸易厂商（特别是各国/地区中小企业）的便捷、合规、高效与低成本的数字化需求。

根据课题研究的第一个结论，我们开始着手规划设计，尝试性搭建了一个小型国际贸易数字化智能化综合服务平台（TEGGS）。经过几个月的努力，2016 年 4 月我们首次对外展示了这个小平台的雏形。同年 6 月，我们在第六届 APEC（Asia-Pacific Economic Cooperation，亚太经济合作组织）电子商务工商联盟论坛上发表了初步研究成果，引发了国内外相关组织的高度重视。随着国际形势变化与 TEGGS 系统开发的深入，我们遇到了一个选择性的问题：由于涉及智能技术接入的多系统连接与协作，我们的工作基础点是建立一个多系统互联互通的工作平台，还是一个智能化的人机协同系统？

多系统互联互通的工作平台属于信息化工程，目的在于实现跨境多系统间信息（包括各国/地区电子口岸系统）的互联互通及平台的后台跨境综合作业，大量的实际工作仍然是由各国/地区的人工作业（如海量的口岸法律文本制作工作等）的无纸化操作来实现的。这个模式的优点在于各跨境环节的责任主体清晰。

智能化的人机协同系统属于智能化工程，是在平台化的基础上，采用智能技术开展复杂数据处理工作，将原本由人工制作并处理的海量口岸法律文本由机器大规模替代，全面实现平台自动化，降低国际贸易的数字化执行成本，提高贸易畅通效率。其中特别困难也是很重要的问题是，如何采用计算机法律解读技术，在尊重各系统规则和各国/地区不同法律的基础上，采用人工智能技术实现机器对各国/地区口岸法律文本的解读与自动合规转译。

课题组结合目前的技术趋势，经过综合分析，一致选择建立一个智能化的人机协同系统。计算机法律解读技术是法律信息学（legal informatics）的进步，也是智能语言领域的一个重要发展方向。我们开始试图赋予我们的智能系统具有对某些口岸法律解读的思维特征。这一选择给我们带来了许多技术性难题与社会性难题的挑战。选择了智能化的人机协同系统的研发，也就决定了我们必须面对不同国家／地区贸易法律、不同口岸法规的计算机解读与不同跨境主体的责任穿透问题。这不仅涉及计算机、智能软件、电子证据、系统控制、物联网等诸多专业的软硬件集成研究，也将涉及国际范围不同经济政策、法律法规、文化特性等的转译协作与集成问题。

TEGGS 初步的实践证明：人类社会中对责任主体的法律穿透力，受到了技术集成与社会集成效应的阻挡，人机共同体遇到了人机集成带来的高度的责任不确定性。TEGGS 实验的智能体已经初步具有了自主判断、自主决策、自主执行的能力，可以独立参与某些人类的法律行为，这已成为事实。于是，TEGGS 系统跨境贸易的责任穿透发生了重大改变。比如，从传统意义上讲，报关主体作假，责任落在厂商；传统报关代理行自行故意作假，责任则落在代理行。可是，如今的智能系统代理（机器代理），系统（机器）本身不存在主观故意与客观故意之分，出了差错实际上往往最后落在无过错的各国／地区申请报关的厂商身上，这显然不十分恰当。

那么，智能体差错的责任到底该由谁来承担？ TEGGS 的智能体是否具有社会治理意义上的法律主体资格？

今天，人工智能已经发展到了智能阶段，我们不能忽视智能技术快速发展这个事实。

抛开技术难题，我们从社会关注与社会影响层面上看，科学技术的发展将引发社会结构与世界贸易秩序的变革，从而引发经济秩序乃至世界治理秩序的变化。客观上，我们已经可以看到科技人才创造了各种人机混合机器知识系统来执行任务。而且这些智能体（机器知识系统）看起来似乎已经开始具有了自有知识、自主情感或特有的类心智的现象。

随即，这些成果也就给我们带来了传统意义上的社会秩序失控的重大风险。

科学技术的进步、知识的集成、智慧的共享，使人类在对自然进行驾驭的同时，也对人类自身进行驾驭，进而对人类的思想、意识、记忆、心智进行驾驭，催生了具有类似人脑功能的全新社会大脑，掌握知识并进行决策不再是人与人脑的专有功能。

我们突然发现：单纯逻辑思维下的技术治理之路越来越难以解决问题。

看来，我们已经来到了后哲学时代，科学哲学依然存在。科学哲学的重要性不在于以往的形式，也不在于以往的内容，而在于其在当前时代发挥作用的方式。我们试图以科学哲学思考的方式，通过观察非现场经济社会的发展进程，针对出现的一些新现象和新问题，开展双脑世界的一些内在机理与发展趋势的新思考，意图引发推动社会各界参与这方面理论的讨论。

人机非现场化共生秩序问题，本质上是一个人机主体逐步达到和谐一致的过程，是不同主体（个体伦理）与人机多元化集体伦理关系在社会大脑中的集中反映。由于工程伦理和智能世界社会治理的研究对象发生了变化，我们不再停留在对直接实证的行动结果的观察或预判的研究方式上，不再将生物人社会中的人作为唯一的研究对象。

同时，我们清楚地认识到，最初是人通过直接计算或通过社会大脑赋予了机器意图。因此，我们可以说：智能体善恶的实质是人的善恶在社会大脑中不同形式的事实再现。

这里我们不再只关注科技人员的职业伦理，也不再只注重单体的机器伦理观察，而是转向了对社会大脑机理研究与人机共生体的整体伦理的关切。这是一种从哲学心理学角度引发的对社会大脑类心智的关切。

我们进一步认为：科技如同一面镜子，映照出了我们作为人的本质和价值观。也许，对人机共生世界进行全新的阶级划分与开展适当的阶级隔离，是类脑心智研究的一个有效且必然的发展途径。

我们期望通过主智能体与链接智能体分离对应不同阶层的人的研究方式，把生物人的不良天性做适当的剥离（后续章节将展开讨论）。这种生物人不良天性的剥离，是一种非强制性的权力隔离，是在双脑世界的阶级分离进程中自然而然形成的。

这首先是在社会大脑作用下形成了人机两大阶级；其次是生物人阶级再次逐步分化成另外两大阶级；最终形成新哲人的第一阶级、社会人的第二阶级、智能群体的第三阶级（参见第五、第六章相关内容的讨论）。

只有一小部分生物人最终成为新哲人阶级，真正向非现场经济意识演化，从而确保了双脑世界人机共生生态的和谐之善。

人类永远在已知—未知—已知循环往复的道路上前进。

双脑世界的社会大脑类心智讨论与对应的阶级分析，打开了我们思维的另一扇大门，开启了人机共生生态治理讨论的另一片天空。

三、意识形态的摆脱与人机共生共同体

人类知识体系的发展是一个人们不断总结经验、改正错误的过程，也是人们通过长期不断的社会实践集成与成果共享的过程。这是生物演化、文明演化、技术演化的共同演化的增强，推动了人类社会的知识进步，是人类共同探索、积累知识的过程。

美国著名哲学家杜威曾说过："如果观念、意义、概念、想法、理论、体系，有助于作为对于某种特定环境的能动改造的工具，有助于作为消除特定的麻烦和困难的工具，那么，对于它们的有效性和价值的检验，即在于完成这项工作，取得这项效果。如果它们胜利地完成了它们的任务，它们就是可靠的、健全的、有效的、好的、真的。"[①] 杜威主张，真理应当涉及"存在

---

① 张汝伦. 现代西方哲学纲要 [M]. 上海：上海人民出版社，2016.

方面的特性"，涉及"变化的过程"。"当人们把真理设想成满足的时候，每每总是把它设想成一种单纯感情的满足，一种私人的舒服，一种纯粹个人需要的满足。但是，这里所说的满足，却是满足那个引起行动的观念、目的和方法问题的各种需要和条件，它包含着公共的、客观的条件。"①

生物演化使人区别于其他生物，也正是这个过程最终诞生了智慧共享体系。人类知识与任务开始在智慧共享体系这个全新的无疆界环境里分布、集成与演化。

我们以为，这是一个各种教条及实用主义理论发生根本转变的哲学时代。

智慧共享体系的形成和演化，极大地改变了我们社会活动的主形态，工业革命高度现场化逐步转变为数字化的非现场化。在人类社会发展新的历史环境下，我们不仅需要技术层面的研究，更需要科学哲学层面的人机和谐生态集成研究。

这个研究的关键在于摆脱单纯的技术主义和实用主义的教条化，以及摆脱传统的生物人社会理论与意识形态的束缚。

《逃离绑架——双脑的世界》的写作意图为：消除科学恐惧，给高新科技发展创造一个自由的全球发展环境。以全球科技大发展的进步之力，在追求和谐的中国传统哲学智慧的基础上，推动科技发展快速渡过目前利益驱动的区域科技抗争这个临界点，一起走向科技共享的人机和谐新世界。

《逃离绑架——双脑的世界》全书共分两大部分共八章，重点观察智慧共享体系的形成与演化进程，进而开展人机共生世界认知、人机伦理及双脑世界正义等方面的探索性思考。

第一部分"都是认知惹的祸"，由第一章至第四章构成，主要阐述笔者对智能技术及智能世界发展的自我认知。

第一章是"认知的挑战"。人类始终在努力不断超越自身的本性。科技

---

① 张汝伦. 现代西方哲学纲要 [M]. 上海：上海人民出版社，2016.

17

进步带来的巨大成功及人类潜藏的贪婪欲望与自私本性，使得一些人开始无所顾忌、肆无忌惮地使用这些技术手段。智能科技的发展引发了我们对工程与技术创造者、技术使用者、工程与技术之服务对象及其相关关系等思考的改变，而这些思考的改变体现在逻辑、理念或理论等方面，我们不得不重新回到科技发展本身及人类社会再发展的认知视角去重新审视这些问题。

第二章是"人机知识的诞生"。我们开始迎来了人机共生社会形态的时代，这也将对社会秩序重构和人类再进步产生巨大影响。我们的科技哲学理论的再发展研究，目标是为如下问题提供更好的答案：人类在使用他们自身认知能力的同时，又是如何借助于人机混合机制提升整体认知能力的？我们应该在何处寻找对人机混合认知成就的解释？

第三章是"双脑的绑架"。纵观传统各种认知理论，我们可以看到那都是围绕着人类"心智"和人类"脑智"展开的研究，基本停留在对生物个体脑中所形成的认知活动与认知过程的探索上。然而，人类心智的奥秘被称为上帝最后的秘密，因此真正彻底揭开人类心智的奥秘绝非易事，还遥远得很。既然如此，我们为什么只能试图从认识生物人"心智"这一条路出发呢？

第四章是"保护社会大脑"。双脑世界重新建立起了一个生物人个体生命与他人生命，人工智能体主体与物理世界、生物世界及精神世界的本质关涉，人们开始真实地生活在人机共生的双脑新世界之中。人类通过对智慧共享体系高级阶段的社会大脑的维护，开始充分体验、理解、践行与新世界之间的社会关系与全新社会责任。

第二部分"共生的秩序"，由第五至第八章构成，主要阐述笔者对人机共生秩序建构与治理途径的思考，以及对非现场经济意识的再度自我认知。

第五章是"阶级的分化"。智能世界极速发展的今天，人类社会迎来了一个非常严肃的问题：生物人和智能工具的边界在哪里？谁是谁的工具？我们人类是否在不经意中越来越自愿地成了机器或智能系统的"工具"。生物人个人及其组织（包括政府与超级科技公司）沦为智能工具的工具，那显然非人所愿。哲学发展遇到了诸多新问题，我们越来越需要向人机共生环境的本体新认知迈进。

第六章是"有人性的非人秩序"。人机共生社会三个阶级的本体演化，推动着人与人、人与物之间相互关系的巨大变迁，当智能体（机器知识系统）不再是传统意义上人工制品的物的概念，更不再是科幻的、思辨的和臆想的产物，而是一个被赋予人格化自主智慧的人工制品时，原本的社会基础理论与规范秩序等诸多重大理论问题都将面临突破，一些已经支配我们几百年，甚至上千年的见解也将被颠覆，我们将会迎来一个全新的双脑世界新秩序。

第七章是"逃离绑架"。"上帝"复活了，人机和谐了。这个"上帝"正是人机共同创造的：天生带有人类基因、生物人人脑参与下的、不间断自我教化与自我治理进化的社会大脑及其特有的"类心智"。只有少量"生物人"仍然保持着与众不同的灵魂，逃离了社会大脑的偏好及自我认知的绑架，不再承担唤醒者义务，而是转向去创造一个能让所有主体拥有更舒适、更健康的社会大脑。

第八章是"构建类心智社会"。非现场经济意识属于双脑世界的社会大脑类心智探索意识，也是人机共生社会分阶级的全新治理理解意识。双脑世界三个阶级的划分，实质是生物人真善美与贪婪凶残天性的分离。人类真善美的特质得以在双脑世界里自由进化，而那些贪婪、凶残、嫉妒、趋利等本性则统统被圈在了第二阶级内部，与整个人机共生社会的和谐发展做适当隔离。

智慧共享体系的形成和演化，极大地改变了我们社会活动的主形态，工业革命的高度现场化逐步转变为数字化的非现场化。随着社会活动和社会经济的"非现场"化加速，诞生了"非现场经济"[①] 文明。

---

① 张为志. 非现场经济意识 [M]. 杭州：浙江大学出版社，2016.

这个特定历史期的非现场化，为人机新共同体发展提供了新语境。

安东尼·吉登斯（Anthony Giddens）在其《现代性的后果》及《第三条道路》中强调一种"脱域（disembedding）共同体"的概念，即"社会关系从彼此互动的地域关联中，从通过对不确定的时间的无限穿越而被重构的关联中'脱离出来'"。[①]

我们以为：人机非现场化共生秩序问题，本质上是一个人机主体逐步达成和谐一致的过程，是不同主体（个体伦理）与人机多元化（集体伦理）关系在社会大脑中的反映。由于共同体的构成要素和目标的改变，地域和血缘已不再成为共同体形成的主要纽带，社区也不再是传统意义上的共同体代名词。共同体概念被不断重塑，最终形成了不同层级的全新人机共生体、政治共同体、人机经济共同体、人机科学共同体、人机命运共同体等。

我们必须认识到：实用主义遇到的不仅是集成与涌现特定条件的被打破，从而导致行动结果的不确定性的加大，更在于社会主体不再建立在生物人之上。两个不同的主体知识体系的集成，使得双脑世界建立在了异质共同体之上。于是，我们的智能社会治理研究，首先就应抛开单一生物人思维和实用主义教条理论等对人机新关系的认知形态影响。没有了这个思维基础，那么我们将仍然属于"人类中心主义"异化的不科学状况中。

我们需要实用主义理论的再发展，开展技术治理哲学反思，需要人机共同体的新认知，需要一个新时代共同体行动范式的新理论。

一旦我们脱离了实用主义教条化的经验意识绑架，在人机世界的科学哲学新思维的指引下，我们也就不难发现智能世界人机共生和谐秩序构建的关键点：我们不再仅纠结于个体责任穿透这一点上，而是转向了重点去找出社会大脑的发展机理，并设法把生物人天然本性中的恶与狼性隔离开，最大限度降低其对社会大脑健康发育的不良影响。

---

① 安东尼·吉登斯. 现代性的后果 [M]. 田禾，译. 南京：译林出版社，2000.

这是一个万物共生的创化社会，它不仅是由人所创造的，而且也是人类社会发展的必然。

笔者试图为双脑世界的发展与秩序构建，给出一个符合实用主义再发展趋势的合理的哲学解释。

我们试图从人机共生世界整体认知开始，自人机共生世界整体认知这个原点出发，沿着"本体论""还原论"①"系统论"②"整体论"③"一般集成论"④ 等理论的演化发展路径，开展新环境下的认知科学研究，思考人机混合知识、混合心智机理，探讨人机共生社会秩序变化与治理等问题。

非现场经济意识时空观也将反映在社会大脑发展的终极目标上。"精英"科学逐步走向了社会化、产业化的道路，最终实现了科学精神的普惠与共享。人们开始自觉遵循社会大脑发展的六大定律：几何进步、认知隔离、生物主导、节制服从、自我修复、共生共荣（参见第八章相关内容的讨论）。生活在非现场经济文明"双脑世界"的人们，将不断地建立起更为进步的共性标准，或提升这个共识。

双脑世界的秩序，也将始终掌握在那些仍然在真正思考数字世界里"之所以为人"的少数新哲人手中。

以"逃离绑架"为书名，有两层意思：第一层意思，逃离的是单一生物人社会传统理论与意识形态的绑架；第二层意思，逃离的是生物人狭隘的自我认知，以及社会大脑深度偏好依赖的绑架，最终建立起新哲人自我心智与社会大脑类心智之间和谐向善的关系。

---

① 还原论或还原主义是一种哲学思想，认为复杂的系统、事物、现象可以被化解为各部分之组合来加以理解和描述。
② 系统论是研究系统的结构、特点、行为、动态、原则、规律及系统间的联系，并对其功能进行数学描述的新兴学科。
③ 整体论哲学认为，将系统打碎成为它的组成部分的做法是受限制的，对于高度复杂的系统，这种做法就行不通，因此我们应该以整体的系统论观点来考察事物。
④ 一般集成论是由中国科学院院士、浙江大学教授唐孝威提出的在自然界、科学技术领域和人类社会中广泛存在的多种多样的集成现象。一般集成论则是将各种集成作用和集成过程进行归纳而形成的一般性概念。

我们想表达的是：人机和谐共生才是最美的。唯有加速智能科技发展，在天生带有人类善恶基因的人脑参与的"社会大脑"调控下，科学主义与人本主义才能在社会大脑之中实现全球化的融合，进而逐步建构起双脑世界的人机共生一元的伦理观。

最终，人机共同完成了"多元多级一元论"（参见第八章第三节相关内容）的人机一元共同体的整体塑造，进而建构起人机共生和谐的新秩序。

至此，社会大脑类心智这个"上帝"（哲学意义上的上帝，不是宗教意义上的"上帝"）开始出现，逐步主宰双脑的世界，从而确保了双脑世界人机共生生态的和谐之善。

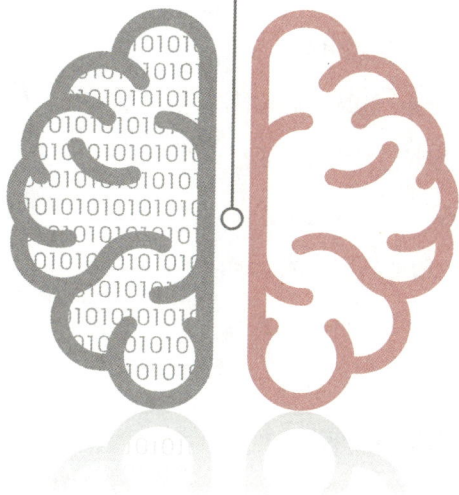

变，一切在变，科技进步带来的高智能体也变得越来越像人。也许，这不是一个最坏的时代。我们站在了时代的转折点。一方面，我们坚定、自信地与捍卫着生物人特有的认知能力；而另一方面，我们自身固有的认知路径已经不太看得清智能世界的崛起。

这是一个科技爆炸时代，是一个科技集成共享的新时代，人们对未知的人机共生新纪元，充满了好奇、期待，同时也感到迷惘、恐惧。

这既是人类对自然及人类自身积极地再认识过程，也是人类不断创新实践与冒险的过程。

客观上，由于人类具有其他动物没有的人脑与心智功能，这不仅使得人类拥有不断创造出高智能机器的可能，也因为这种特有的人脑心智功能，人类也会担忧高智能机器对自身生存造成影响。人机之间是否能和谐共生成为一个大问题。

至此，我不禁要发问：动物们会害怕高智能机器人的出现吗？这仅仅是因为动物不具有心智现象而感受不到吗？动物害怕的是智能机器还是害怕人类？

显然，相对于我们人类，动物与智能机器的共生发展不是太大的问题。

这一切源自人类拥有与动物最不一样的特有的人脑。

看来，问题还是在于我们人类自身，这是我们人类要反思的。

第一章
认知的挑战

人总是不断地超越自身的本性存在，这驱使着人类不断地创造出超越自身的现象。

法国哲学家加斯东·巴什拉（Gaston Bachelard）[①] 曾说："征服多余的比征服必需的能给予我们更大的精神刺激，因为人类是欲望的产物而不是需求的产物。"

科技进步带来的巨大成功使部分人类的贪婪欲望和自私本性暴露无遗，他们不再把技术仅仅视为手段，而是作为满足其私欲的利器。

单纯的技术治理主义已无法解决或解答多智能体集成、多主体协同、认知不确定性、责任穿透阻碍等引发的智能社会秩序重构问题。

我们不得不重新回到科技发展本身及人类社会再发展的新认知视点去审视这些问题。

第一节　从口岸智能交互实验谈起

2013 年 WTO 组织通过《贸易便利化协定》，国际贸易单证电子化与智能化的相关技术成为热点。2015 年在一次关于贸易畅通的国际会议上，韩国的一位从事化妆品贸易的女企业家的发言引起了我的重视：该公司为了顺利完

[①]　加斯东·巴什拉（1884—1962 年），法国 20 世纪重要的科学哲学家、文学评论家、诗人，被认为是法国新科学认识论的奠基人。

都是认知惹的祸　第二部分

成跨境交易，每次发货前公司需要在韩国准备 280 多份与出口相关的各种文件。韩国海关放行，货物启运后，该公司还得与中国进口代理商一起再准备 200 份左右中国进口所需要的各种进口文件，这其中多数文件是需要按出口与进口不同国家的口岸规范而分别制作的。由于双边的语言和法律法规的不同，且各国各环节人工制作的差异，很容易出现差错，而这些看似很小的差错，往往会导致重报与货物滞港，有的货物滞港时间竟长达数月，很多商品因此而报废。

看来，利用数字技术提升国际贸易无纸化和贸易数字化，势在必行。

于是，我们成立了相关课题的研究小组（TEGGS）。课题组首先要着手解决的基本问题：第一，多语言环境和不同法律机制下的跨境电子单证与口岸法律文本的转译与自动生成机制；第二，由于国际贸易参与方越来越不受物质、时间、空间的限制，参与主体开始出现了非现场化的不确定性特征，需要跨境电子证据链和跨境电子证据存证中心；第三，国际贸易数字化相匹配的跨境（特别是跨关务）综合服务体系的建立。

面对这些基本任务，TEGGS 课题组首先就遇到了一个大问题：国家不分大小，主权是独立的，需要相互尊重，不同的文化法律也需要尊重，不可能以一个新法律体系、文化体系去直接覆盖替代。换句话说，《贸易便利化协定》不是以一个国际贸易法律体系来替代各国贸易文化、贸易（口岸）法律，而是各国独立法律体系的协同。做个形象的比喻，不同血型的甲、乙两个人之间急需输血，血型是遗传的，不可能轻易改变成统一的 O 型血。如果把甲的血液简单地直接输给乙，结果不但帮不了对方，对方反而可能面临死亡的威胁。血型是天生的，不能随意改变，那该怎么办呢？我们必须拥有一个中间转换器，设法让 A 型血通过转化器，转化成合规的 B 型血，依此类推，不论是涉及甲、乙双方还是甲、乙、丙三方，都是同样的道理。

TEGGS 课题组经过广泛调研，决定采用"计算机口岸法律解读技术"来解决这一难题，以计算机法律解读技术挖掘各国口岸相关的法律文本，进行结构化数据的整理，再以国际标准与各国自订的标准为基础，从语义层面开展不同法律内容的智能转译。这不是一个多语言的翻译问题，而是不同语言环境下不同法律内容的解读问题。我们期望在全球复杂法规环境下，在尊重遵守各国主权与不同法律的前提下，实现跨多边口岸（多海关）多语言文本的关务数据自动转译。在《贸易便利化协定》框架下，TEGGS 系统通过计算机口岸法律解读技术（核心是人工智能技术）与跨境电子证据链技术的结合，进行跨境贸易的数据流合规和货物流的"通得快"与"管得住"的课题研究。

TEGGS 系统采取了分次转译的途径。第一次转译是把厂商的原始资料在系统前台输入以后自动抓取，结合跨境物流信息，依照出口地法律要求转译出各出口地所需要的结构化数据集；第二次转译是在第一次转译的基础上，结合实际执行的跨境贸易综合信息（包括跨境物流、关务等信息），依照进口地法律要求及文化习惯，再次转译出各进口地所制定的结构化数据集的内容与属地关务标准，并以数据集 XML（可扩展标记语言）形式直接传输到进口地的单一窗口①或电子口岸，实现全球各地不同电子口岸的互联互通。

初步完成的 TEGGS 的第一阶段实验，引发了我们原本意想不到的问题。

首先，这是一个个人、企业组织、国家机构与人工智能体等跨境多主体混合参与的国际贸易领域的"智慧共享体系"（关于智慧共享体系论述参见第二章），涉及多主体的责任界定问题。TEGGS 实验涉及了复杂的无疆界在线式参与主体，包括被服务主体（各国 / 地区厂商或贸易商）、服务执行主体（平台服务者与各国 / 地区服务站点）、服务决策主体（人与人工智能体）、技术支撑主体（系统运维与数据管理）、服务支撑者（仓储物流、结算支付、金融保险等）、各国公共管理主体（双边或多边的口岸、海关、商检、安全、

---

① 单一窗口（single window，或者 sole window），简单说就是贸易商能够通过一个入口，向各相关政府机构提交货物进出口或转运所需要的单证或电子数据。

贸易监管者）等。这些主体都是非现场的在线式行动者。这给责任界定带来困难。

其次，更为特殊的现象是在 TEGGS 实验中出现了多人工智能体直接介入贸易执行决策现象。从 TEGGS 初步实验折射出来的问题来看，我们已经可下这样一个结论：这是一个从语法（字符、词袋模型）出发，向语义（领域主体、知识图谱评估）深入，再向语用（自学习各国／地区法律规范、各地方性文化习俗）发展的进程，这是一个人工智能体在国际贸易领域应用的不断演化进程。

TEGGS 系统的人工智能技术不再仅仅是一个语言翻译工具，而是解读各国／地区口岸法律的转译智能体。在实际的应用中，它往往是直接替代人快速地做出对应性选择，且自动写入对应国／地区分别的进出口报单的合规 XML 数据集中。此时，TEGGS 转译智能体不仅需要完成最准确或最近似的商品代码转译工作，还需要通过自学习功能而代为做出不同国家／地区的最佳政策（专家系统）的适应性选择，并直接向该国／地区电子口岸发送（当然 TEGGS 的工作人员可以监督或更改 TEGGS 转译智能体的工作结论）。

这种最佳选择已经不仅仅是商品描述层面或相关物流数据的填入问题，而是一个智能体（主要是自然语言处理和深度学习技术）在当事国／地区合规合法的范围内，自主选择出最容易清报关的决策申请与最合理避税的所在国／地区政策的最佳对应方案。

描述到此，我们不难看出：TEGGS 实验的实质是人机混合主体的相关知识与相关任务被分布到了共享体系之中，并依靠共享体系协同完成共同的任务。国际贸易相关知识和相关任务均以数字化的形式，被分布到了一个国际贸易领域专属的新全球化智慧共享体系（TEGGS 是其中的一个）之中。众多的混合行动者，包括多个人工智能体参与的混合主体（个人、企业组织、政府机构与多人工智能体），在不见面的网络交往过程中，协同完成了一个跨境贸易货物转移和所有权转移的任务。

早在 20 世纪 80 年代，尤尔根·哈贝马斯 [①]（Jürgent Habermas，以下简称哈贝马斯）曾对人类社会协作做过这样的描述："在生活世界中，交往参与者相互之间就一些事情达成共识，只有转向关注作为语境的生活世界，我们才能变换视角，从而揭示出行为理论与社会理论之间的内在联系：社会概念必须与生活世界概念联系在一起，而生活世界概念又与交往行为概念形成互补关系。因此，交往行为主要是一种社会化原则，值得关注，与此同时，社会合理化过程也赢得了另外一层意义。" [②]

哈贝马斯进一步提出"交往行为总是要求一种在原理上是合理的解释"，他认为相互理解是交往行动的核心。"言语行为"是交往行动的基本形式，行动者个人之间的以语言为媒介的互动，行动者使用语言或非语言符号作为理解其相互状态和各自行动计划的工具，以期在行动上达成一致。在哈贝马斯看来，交往行为比其他行为在本质上更具有合理性，他把社会行为分为 4 种类型，对应于"世界"的 3 个部分。"目的行为"指向客观世界，表征的是人对自然的改造关系；"规范调节行为"指向社会世界，表征的是社会系统对人的控制关系；"戏剧行为"指向的是主观世界和客观世界，表征的是人对自然和人对自身的关系；"交往行为"则作为不同主体之间的关系，是在主体与"客观世界"、主体与"主观世界"、主体与"社会世界"这 3 种关系的背景下发生的。在哈贝马斯看来，目的行为、规范调节行为、戏剧行为之所以都不具有合理性，就是因为它们对语言在行为中的作用认识是片面的，而交往行为则是唯一全面地理解了语言在社会行为中的功能，使得语言的各个向度都得到考虑的行为。交往行为的核心是理解，体现的是主体与主体之间的平等互动关系，而目的行为、规范调节行为和戏剧行为则限于传统认识论的主

[①] 尤尔根·哈贝马斯，德国哲学家，社会学家。法兰克福学派第二代的中坚人物。
[②] 尤尔根·哈贝马斯.交往行为理论：行为合理性与社会合理化 [M].曹卫东，译.上海：上海人民出版社，2004.

体——客体的思维模式，不能体现主体间的互主体性。哈贝马斯关注交往行为，认为工具性合理化的高度发展，如果没有辅以交往合理化，则作为科技、工业主体的人群之共同意志无法形成，因而无法驾驭高度发展的工具理性，最后工具"合理化"往往成为一种非理性的力量，意图摆脱人类的控制，甚至反过来控制人类的历史行程，或成为一种毁灭的力量。这样的理性不但自我否定，还可能奴役人类，摧毁人类的文明。因此，建构一种拯救理性危机、对抗工具理性的理性刻不容缓，交往理性应运而生。

哈贝马斯的交往理论阐明了人类是通过其成员的社会协调行为而得以维持下来的，这种协调又必须通过交往实现，在核心领域中还必须通过一种目的在于达成共识的交往而建立起来。

可是，随着智能科技的发展，结合 TEGGS 的实验，我们已经可以看到：人工智能体这个非人的人工工具，在国际贸易领域的智慧共享体系中，开始扮演交往主体的角色，且正在直接代替生物人而自主进行跨国法律的理解与交互、法律行为的决策与执行。

至此，原本以个人与社会的交互为基础的传统交往理论，遇到了一个新问题：人工制品开始介入交往行为。

看来，哈贝马斯的交往理论，已经无法完全解释由智能体参与的交往理性问题了。

我们不禁要问：人工智能体在参与人类的再生产进程中，是否同样也必须满足交往行为内部的合理性条件？怎样才能在智能世界里实现这种合理性？

第二节　也谈哈钦斯船上实验

既然我们谈到了人工制品介入的社会交往问题，我们就不得不去关注一下哈钦斯及其著名的船上实验，进而了解哈钦斯对认知科学提出的一种新解读，以及他提出的将人类学方法与认知理论相结合的分布式认知理论。

哈钦斯，美国著名的认知学家，主要研究现实世界中的认知活动特征与机理。1978 年，哈钦斯在美国加利福尼亚大学获得文化人类学（Cultural Anthropology）博士学位。1988 年任教于美国加州大学圣地亚哥分校认知科学系，与詹姆斯·霍兰（James Hollan）教授合作领导分布式认知与人机交互实验室（Distributed Cognition and Human-Computer Interaction Laboratory）。

20 世纪 80 年代中后期，哈钦斯以研究者身份进入美军舰队，观察记录了他在军营，以及在登舰、随舰航行等不同场景中遇到的各种情况，着重记录分析了舰船在海上航行时（包括出现险情时）如何导航，如何不断修正行进路线中各环节所需的知识与产生的指令，如何决策、执行，直至最终完成整个航行的过程。哈钦斯在其船上实验中，详细描述了舰船行进中船上各角色与各工具的协同作业的整个过程：方位观察员需站在船侧，发现并比对岸边陆标等各种参照物，这是内部表征状态的交互过程；画图员应用照准仪测量陆标的方位，这是内部表征与技术工具表征的交互过程；画图员还需要将方位数据告知给水深探测员、日志员开展比对，再汇总到操舵室里的领航员，这是不同内部表征的社会性交互过程；日志员在日志上记录下方位数据，这又是内部表征与外部技术工具表征的交互过程；最后，船长可以通过查看日志上的数据或直接听领航员的口头报告及轮机长的实时报告，而不断地修正计划，在动态中做出综合性决策，随时将指令下达给舵手、轮机长与锚手，从而联动实施航行活动。

　　哈钦斯的理论性洞悉是在实验室之外（即"荒野"）的文化构成活动中，以其对航海导航的扩展分析为基础（包括计算基础、历史根源、社会组织关系及大型船只导航实践的执行细节）而形成的，该解读形成了一种与众不同的跨学科的认知研究。[①]

　　分布式认知理论也就此诞生。分布式认知理论提出了一个研究认知的新的分析单元——功能系统（functional system，一种社会—技术系统，包括参与者全体、人工制品和它们在其所处的特定环境中的相互关系），在这个超越个体的分析视野中强调认知在时间、空间上，以及在个体、制品及其内部、外部表征之间的分布性，并且要求在工作情境的层次上解释人类活动中的智能过程是如何超越个体参与者之界限的。表征媒介可能在其所涉及的个体之中，也可能在其之外。这些功能系统表明了媒介间的表征状态，功能系统将表征媒介相互协调在一起。在分布式系统中存在系统水平的协同努力：共同目标、有效交流、整体大于部分的总和。分布式认知理论认为认知是通过内部表征（如个体的记忆）与外部表征（如记录的信息和知识）之间的传播和转移发生的，因此各种不同表征系统或表征状态之间的交互是知识产生和传播的重要特征，这些交互包括会话、非语言交流、信息形式的转换（如从言语信息转变为键盘输入）、在内外部表征结合的基础上建构新的表征等。另外，内外部表征之间的交互受不断变化的环境的影响，也不是孤立不变的。

　　传统认知观把认知看成局部性现象，总是在个体层次上，从大脑内部信息处理的角度对其进行解释，这样就限制了对在个体层面上不可见的一些有意义因素的关注。

　　哈钦斯力图打破这种局限，认为认知具有分布性："我将从个体的自然的情境性认知角度来思考问题。直到在海上（对轮船导航的研究）完成了我

---

① E. 哈钦斯. 荒野中的认知 [M]. 于小涵，严密，译. 李恒威，校. 杭州：浙江大学出版社，2010.

的第一个相关研究之后，我才意识到认知之社会分布性的重要性。有充分的证据说明一个小组的认知属性是不同于小组之成员的认知属性的。在研究人类的认知能力时考虑到这一点是很重要的。""这是什么意思呢，当然是说个人的认知也是分布式认知。"① 认知现象不仅包括个人头脑中所发生的认知活动（个体内分布），还涉及人与人之间，以及人与技术工具之间通过交互实现某一活动的过程（媒介中分布）。认知的本性是分布式的，这是对当时传统的认知观点（认为认知是个体级别上的信息加工过程）的批判，强调了认知现象在个体参与者、人工制品和内外部表征之间的分布性。

""'荒野中的认知'这一短语是指在其自然生活环境中的人类认知，即自然发生的由文化构成的人类活动……事实上，我所指的是实验室与日常世界之间的区别。在实验室中，认知在被控的环境中加以研究，而在日常世界中，人类的认知是为了适应自然环境。我希望借这个隐喻唤起思维的生态学意义。在这个意义上，人类认知与有丰富组织资源的环境发生交互作用。"② "我在这里想表明的是，人类的思维环境不是'自然'环境，而是彻头彻尾的人工环境，人类通过创造环境而创造认知能力并在环境中实践这些能力。"③

分布式认知理论告诉我们：分布式认知是以目标 / 任务为导向的。分布式认知理论演绎了认知科学与人类体验的 3 个主要进路：认知主义—联结主义—具身动力。

然而，我们在 TEGGS 实验过程中，却发现了新问题：正因为是具体的目标 / 任务导向，分布式认知理论还没真正进入社会层面的讨论，也没涉及人工制品发展为自主智能体的问题，更没涉及对人机共生的社会结构新形态的探究。

---

① E. 哈钦斯 . 荒野中的认知 [M]. 于小涵，严密，译 . 李恒威，校 . 杭州：浙江大学出版社，2010.
② 同上。
③ 同上。

20 了世纪 90 年代，一直注重对个体的认知研究的认知心理学，也开始关注高新科技带来的这种认知活动的变化。

我们注意到：集体性认知活动不仅仅依赖于各认知主体，还涉及他人认知个体、认知对象、认知环境、认知工具及认知情境，而这些正在被智能科技所改变。

首先，随着计算机、计算机网络、人工智能等智能科技的迅猛发展，人类许多认知活动越来越依赖于这些认知工具，认知分布环境变迁的思想，也逐渐被人们所认识，受到人们的重视。现在，让我们回过神来，再回到上一节的 TEGGS 实验。

"彻头彻尾的人工环境"走出了实验室来到了日常世界，这直接涉及了各社会活动和社会经济的层面，我们进入全球在线式的社会交往、社会交换活动中。TEGGS 也是实验"人类认知与有丰富组织资源的环境发生交互作用"这一课题，所不同的是 TEGGS 实验首先突破了原有分布式认知的特定环境，借助于智慧共享体系，走进了一个更新的在线式无疆界智慧共享的人工环境。在这个全新分布式人工环境里，个体参与者、人工制品和内外部表征之间的分布性同样得以实现。这里的认知现象同样不仅包括个人头脑中所发生的认知活动（个体内分布），而且涉及人与人之间，以及人与技术工具之间通过交互实现某一活动的过程（媒介中分布）。

"人类通过创造环境而创造认知能力并在环境中实践这些能力"，这是 TEGGS 实验第一步：人工地利用网络技术创造了一个更大更广的分布式认知环境。

其次，随着智能技术的进一步发展，人类许多认知活动越来越被这些认知工具所控制，深度的依赖演变成了被控制。分布式认知认为认知是分布于个体内、个体间，以及媒介、环境、文化、社会和时间等之中的，在强调了个体认知的同时也强调了新的分析单元分布式认知。对其中人工制品在应用过程中的效率放大功能予以了充分肯定，指出人在使用制品的过程中，会产生认知留存（cognitive residue）现象与涌现现象。通常来讲，人工制品本身是物，基本属性是"人造"，含有人的目的性，它不是自然中产生出来的东西。它由外因主导而成，非内因自然而成，即不是物自身"内在逻辑"的自然展开，而是人为地社会地建构出的产物。

然而，在高新智能科技迅猛发展的今天，人工制品往往是人们有目标、有计划地预设某种功能，经过综合规范而成的功能性产物。这里的人工制品也常常是为了一个特定目标/任务而选择或被新"人造"产生。

有趣的是这种有目标/任务的"人造"产物，在此时偏偏又遇到科技集成支撑下的智慧共享体系的诞生。智慧共享体系整体的各因子不断地集成、优化与涌现，偏离了原创造者设定的目标/任务，得到了原创造者意想不到的功能结果。这种结果体现在智慧共享体系里，发展到其高级阶段，社会大脑就开始发育（在第二章第三节将展开讨论）。个别特殊的人工制品（人工智能体）不再是简单的物理状态的物，而是具有独立的表征系统与决策功能的参与主体，并开始融入整个认知活动所关涉的文化与社会之中。

如今，TEGGS 的实验已经开始切身地感受到这一参与主体的存在，所有认知主体（包括生物人与智能主体）不再需要在面对面的实地交流中才会被体会或感受到，智慧共享体系的生物人知识系统与机器知识系统共同影响着新的认知过程。回看 TEGGS 的整个作业环境变化时，我们会发现：TEGGS 整个系统内的内部表征（如个体的记忆）发生了变化，个体技能型的记忆逐步被数据记忆所集中；外部表征（如记录的信息和知识）也发生了变化，各类记录的信息或分布的知识正被智能主体所计算与控制，以至于生物人个体逐步地无法解读其信息了（认知上没有受到工具支持的个体除外）。

更为严重的现象是，由于多智能体的接入与集成，一种新文化——人机混合知识开始产生，"因为文化正是在实践中被生产和再生产出来的"[①]。此时的新分析单元——功能系统里所有参与者、人工制品在其所处特定环境中的相互关系发生了根本性的变化，其中人工制品里一些原本的工具演化成了智能主体。这个新人工环境里的智能主体开始逐步脱离纯工具（帮助认知上受到工具支持的生物人个体获得内外表征）的特性，从而自主建立起人类无法解读且能自我决策的新表征体系，逐步具有了认知活动的参与个体属性，开始了人工制品向参与主体的角色转变。

我们从分布式认知理论里可以看到，在具体情境中，记忆、决策等认知活动不仅分布于工具中，而且分布于规则中，分布于负责不同性质工作的人群之中。由于智能主体在智慧共享体系之中具有了认知的参与主体属性，它的记忆、决策等认知活动也不仅分布于不同的人群之中，而且分布于在线的人机共生环境之中。认知活动也不再是单纯地由人去适应自然环境，而是出现了人机混合的共同适应，以至于人类的很多认知活动将被人工智能体所直接替代。于是，分布式认知的参与主体从个体参与者、组织参与者，演化成了个体参与者、组织参与者、多智能主体参与者（在第二章将展开讨论）。

这是人机同步发挥作用的时代，非生物的参与主体开始出现在新的人工环境的认知活动中。人机共同综合运用各种资源的新决策方式，促使以利益出发的生物人秩序和不以直接利益出发的机器智慧秩序混合的新局面的出现。

在新的历史条件与新的发展趋势下，社会文化发生了重大变革，分布式认知理论也需要再发展。

人们不得不去接受人类认知活动中走进来一个非生物参与主体的事实，不得不去接受新分布环境的决策主体（组织成员里的智能体参与）出现智能体的决策过程，即从正确认定并定义问题（决策制定）到方案选择制定（问题求解）的全过程。

---

① 于小涵. 认知系统性的研究：基于分布式认知的视角 [M]. 北京：中国社会科学出版社，2013.

我们借用哈钦斯在《荒野中的认知》绪论里关于认知的文化现象与面临的任务的一段话，将其中的"人类"两字改为"人机共生"，修改成我们在新历史背景下的新表述：这个企图本质上是文化的（唤起思维的生态学意义），它承认这样一个事实：人机混合的认知与所有其他动物的认知不同的一个首要原因在于，它本质上是一个全新的人机共生文化现象。[①]

第三节　从 TEGGS 实验看行动者网络理论

布鲁诺·拉图尔（Bruno Latour，以下简称拉图尔）是当代法国科学知识社会学家、社会建构论者、爱丁堡学派早期核心人物和巴黎学派领军人物。其开创的"实验室研究"，直接促成了科学知识社会学继"社会学转向"之后的又一次转向——"人类学转向"。他认为不管在哪种状态下，非人行动者和人类行动者的能动性都是交互作用、互生共现的。行动者网络理论描绘了一张人和非人行动者共同建构和演进的网络，在这个网络中，人和非人行动者同等重要，人并没有"人类中心主义"思想下的那种特权，行动者可以是任何异质性的东西。

这不得不说又是一次认知科学的进步。

拉图尔在实验室研究基础上构建出的"行动者网络理论"（actor network theory，英文缩写 ANT）[②]，一般译作行动者网络理论，或者角色网络理论。ANT 把"人类行动者"与"自然现象"看成是"行动者网络"的基本组成部分，把社会技术集合描述为人与非人行动者的异质网络。行动者网络理论认为，"技术科学"是异质行动者通过转译、联结形成行动者网络而建构

① E. 哈钦斯. 荒野中的认知 [M]. 于小涵，严密，译. 李恒威，校. 杭州：浙江大学出版社，2010.
② 郭明哲. 拉图尔的行动者网络理论（ANT）研究 [M]. 北京：中国文史出版社，2014.

都是认知惹的祸　第一部分

出来的动态过程，这其中涉及异质行动者、转译、行动者网络，以及核心主张——广义对称性等。

传统的认知理论几乎是把自然与社会对立起来：要么把科学完全排斥在社会之外，认为科学真理由自然决定；要么把社会利益因素凌驾于科学之上。而在拉图尔看来，"现实的研究对象总是介于两者之间，是一种自然与社会的'杂交物'"[①]，即评价任何事物，尤其是你致力于要解释的事物，需要以平等的方式进行——完全对等地处理自然世界与社会世界、认识因素与存在因素的关系。这种广义对称性"从根本上反对行动者内在存在着强弱之分，只承认行动者所形成的联盟的强弱"，打破了原来以人类为中心的思考局限，提出了准客体或杂合物的概念。

在 ANT 理论中，行动者与网络的概念是彼此分不开的，它用"行动者网络"来消除自然与社会的二元对立，并以转译来连接行动者网络。广义对称性原则是行动者网络理论的核心主张，对称性地对待自然和社会，其中不管人类、非人类要素，或是虽肉眼看不到但却实际发挥作用的关系网都具有可操作的物质性，把人类力量和非人类力量（如自然、物质仪器、技术等）视为平等的具有同样建构能力的要素，就是要求完全对称地处理自然与社会、主观与客观、宏观与微观等的关系。联结是行动者发展自己、壮大自己的重要策略，行动者本身并无强弱之分，有强弱的只是行动者所结成的联盟，有着同样目标的两组行动者网络可能因为联结对象的实力和数量的不同而有强弱之分。而转译使行动者运转起来，开始互动、联结、变化，我们就可以跟随行动者来展开网络、构建网络，还可以看见科学被建构的脉络。

转译过程是指网络行动者把其他行动者的问题与兴趣用自己的语言转换出来的过程。所以成功的转译加上强大而更能发挥效用的联结才能形成一个成功的行动者网络，只有通过转译，行动者才能与行动者网络建立相对稳定

[①] 郭明哲.拉图尔的行动者网络理论（ANT）研究 [M]. 北京：中国文史出版社，2014.

的关系。通过转译过程，每一个行动者的利益、角色、功能和地位都会在新的行动者网络中被加以重新界定、排序、赋值。

拉图尔曾这样阐述过"转译"的本质："如果一个信息被传播了，那就意味着它被转译了。""我用转译表示的意思是，它是由事实建构者给出的、关于他们自己的兴趣和他们所吸收的人的兴趣的解释"①，也就是在理解各个行动者利益的基础上进行转译，通过成功的转译，不同的行动者被联结起来，原来处于各自网络中的行动者组合成新网络，相互协作以达成新网络所要求的共识和目标。

TEGGS 实验也证明，"行动者所结成的联盟"的强弱与转译的效用相关联。换句话说，在一个联盟中，转译的频率与有效性（无效的不被称为转译）将影响到该联盟的强弱。

TEGGS 实验的第一步又进一步证明了，由于人工智能技术的发展，行动者网络里出现多智能主体协同转译的现象。此时的智能体不再仅仅是工具性质的计算机或计算机技术，而是具有了一定的哲学意义上的主体资格的主体。

正是这些主体资格的演化，这里的传统计算机技术上升到了智能体。在这些智能体（特别是多智能主体）参与的联盟里，我们会发现其转译速率与转译频率被大幅提升，客观上造成了联盟强弱差异的实际发生。

于是，人和非人之间、人和人之间、非人和非人之间，在这个动态过程中构成了一张无缝的转译的网络，他们／它们就在这个网络中互动、交流，任何一个行动者的缺失都会导致网络无法正常运转。从 TEGGS 实验的结果来看，行动者网络理论给我们展示了一个完全平等对称的单层次行动网络，在行动者网络理论里，行动者是异质性的，有人和非人之分的能动性都是对称的。

那么，新问题来了：这里的人和非人在实际的行为活动中，各自的作用

---

① 郭明哲. 拉图尔的行动者网络理论（ANT）研究 [M]. 北京：中国文史出版社，2014.

与责任分配是否也该是完全对称的呢？是什么引发了不同的"行动者所结成的联盟"的强弱？

我们以为：行动者网络理论遇到了新问题，一个网络联盟里的人和非人行动者就参与地位来讲是对称性的，可是就其功能性的转译贡献来说还是平等的、完全对称的吗？

如果人与非人在参与地位与作用地位上都还是完全对称的，那么在行动者网络中的人和非人是否应该承担同等的责任？也就是说物和人是否都应当且能承担相同的责任呢？

在科学技术形成过程中，包括在其被使用、改进的环节中，往往会出现问题甚至事故，作为物的东西本身不具有主观能动性，把责任归咎于出现问题的作为物的行动者显然是行不通的，责任的认定与责任的追究也变得不可能了。

有不少学者认为，其最终结果的利益性也是由人的使用和操作决定的。参与网络活动的行动者具有选择空间、机遇，甚至权力的自由，大多的选择机会、权力还是落到了人类行动者身上。所以，当出现问题时，追究某一行动者的责任时也应考量其转译者的责任。人是行动者网络中的重要行动者也是转译者，在网络运转过程中，在行动者转译他人、他物或被他人、他物转译的过程中，行动者获得选择的机会和权力的同时也应承担自身的责任。因此，责任必然是由更具有主观能动性的人类来承担，在进行转译、联结活动时，在建构行动者网络的动态过程中，个人或组织，不管是转译者还是被转译者都应该承担起应有的责任。

可是，随着人工智能等高新科技的发展，在在线式智慧共享网络里，追究制造或控制智能主体的人，我们追究得了吗？特别是在脱离了单体制造者与单体控制者，由多生物人与多智能主体共同的创造与控制（或者由多智能体再控制智能体）的情况下，我们还能找得到直接承担转译或是被转译责任的责任人吗？

　　现在要厘清这些问题，就先让我们回到行动者的参与地位与作用地位的不同的分析中，再观察下行动者网络在智慧共享体系里的演化情况。笔者对行动者网络理论就参与地位来讲的行动者对称性不持异议，但对于就作用地位（特别是转译贡献）来讲的人与非人行动者的对称性持不同观点。

　　我们以为：人与非人行动者在智慧共享体系的网络中，由于转译贡献的差异，引发了一些行动者（任何非人）作用地位的突出。这有点类似信息传输性的神经系统在其演化的过程中个别部位会产生突起，形成以树突为核心的神经元，神经元的突触是神经元之间在功能上发生联系的部位，也是信息传递及意识萌动的关键部位。也就是说在智慧共享体系里，由于人工智能（多智能主体）的参与，使得个别生物人与多智能体的协同，产生了实际的转译作用地位的不同。于是，这些个别的生物人与多智能体开始从平铺的行动者网络中突出，传统行动者网络的单层次平铺结构开始立体化，出现了双层结构（见图 1-1）。

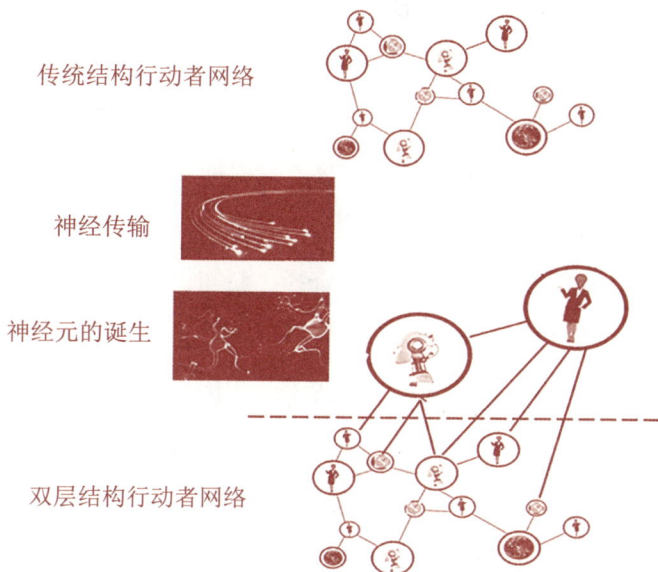

图 1-1　传统结构行动者网络与双层结构行动者网络

这不同于技术层面的多层网络概念，多层网络仅仅是平铺的单层网络的叠加，而双层结构的行动者网络是指在一个行动者网络由于转译作用地位的不同，开始出现了核心层与行动层的分离。第一层主要是有较大转译贡献值的那部分生物人与多智能主体的行动；第二层依然是传统的行动者网络结构。

这两层结构合二为一地成了新行动者网络体系的单体。

这些行动网络单体之间再度组合，不断膨大，最终形成了人机混合的智慧功能结构。

从双层行动者网络结构，我们可以看到伦理与责任的核心在人机混合智能结构体上，是生物人与智能体的核心层起到了关键的能动性作用，而智能体的背后通常是科技企业。于是，行动者网络的人与非人的伦理与责任就清楚了：在生物人的参与者（参与非现场生活及活跃于社交媒体的大众）与物的智能主体创造者（以研发人工智能为主的科技企业）两者身上。关注人类行动者在人机混合智慧中的活动变化，对于解决当今一些高新技术引发的社会问题、环境问题、人与智能物的矛盾问题，缓解科技异化现象等具有重要意义。

讨论到此，我们不难发现，TEGGS 主体实际上不限于无疆界贸易当事人与相关业务人员，还包括各国家主体。此时的参与主体也不限于生物人，还包括多个转译智能主体与决策智能体。这里的人工智能体，不再以简单的技术工具形态出现，而是一个集知识选择、新知识产生与自我决策、自我执行等功能于一体的智能主体。

科学技术在自然世界与社会世界、认识因素与存在因素、宏观结构与微观行动等方面发生了根本性的变化，即新科学实践与社会实践行动者，在其实践和关系之中，显示不同行动者在利益取向、行为方式等方面是不同的。那么，又有新问题了：既然这个结构体上拥有了人机混合智慧的功能，那么，这个人机混合的结构体是否具有人机混合的心智（这里暂且借用心理学的概念隐喻一下，后续章节将讨论到类心智概念）？

此时，我们发现很难用一个以往的现成理论来全面诠释 TEGGS 实验的内在人机混合作业的机理。也就是当我们试图写 TEGGS 实验报告，对人机混合的角色不断出现展开深度分析时，我们不断遇到了理论支撑问题，我们无法完全拿现有的交往理论、分布式理论或行动者网络理论等来全面系统性地诠释这新时代所发生的一切。

我们发现以往认知理论、社会结构理论及工程伦理等在这个实验过程中已在不经意中得到了重构。

我们不能再等待，不能再纠结于"还原论"或"系统论"的人性研究范式。

我们必须重新认知人机关系，尽快探索并掌握智能科技及智慧共享体系里，新知识的产生、调用、决策、执行等路径及其演化发展的机理，以缓解因高新科技快速发展带来的系统性理论支撑的严重缺乏现象，给未来的智能世界的健康发展多一些合理的解释。

我们需要新时空里的相关理论的再发展，意图预防因智能科技高速发展带来的人们更大的认知混乱与恐慌情绪的蔓延。

第二章
人机知识的诞生

时空在变，智能体与多智能体的技术协同与集成发展，标志着我们开始迎来了人机共生社会形态的时代。

科技的不断进步，人们不经意地创造出了人脑以外的崭新知识体系，这将对我们认知这个世界和重构人类社会秩序产生巨大影响。

我们应该在何处寻找对人机共生认知成就的解释？

人们的认知在变，我们的认知边界在持续扩展，生物人的认知局限越来越凸显。

我们讨论的目标是为如下问题提供更好的答案：

人类在使用他们自身认知能力的同时，又是如何借助于科技进步带来整体认知能力的提升的？

第一节　智慧共享体系的形成

进入 21 世纪，智能科技悄无声息地渗透进了人们生活的各个角落，正不遗余力地改变着人们的生活方式，每当我们还在惊叹科技发展成果时，转眼它却已出现在了我们真实的生活世界里。这个时代，科技产业呈现了"野蛮生长"般疯狂膨胀的状态，人们对它们从最初的好奇到后来的习惯，再到最后依赖和离不开，科技总是让人觉得神奇又充满变革的力量。

纵观计算机相关领域的科学技术发展，其技术含量及复杂程度也越来越高，高性能计算技术（大容量、人工智能、模式识别、图像与数据）、实时控制技术（控制理论、硬件、模拟技术、网格）、微型传感器、驱动器技术［MEMS（micro-electro-mechanical system，微机电系统）、RFID（radio frequency identification，射频识别技术）、分布式器件、视频］等得到前所未有的大发展。

计算机领域及信息技术的极速发展，使得人们为了有效地达到某种预期的目的，可借助于计算机技术及 ICT 技术，采用各种方法和手段实现知识价值的最大化。数据流的高速集聚与融汇，大数据、人工智能等领域的开发与应用也进入了白热化阶段，成了社会科学关注的重点。

来自生物人的信息传输和定向选择，也来自传感器带来的物质世界的感知信息，涉及了越来越多与自我、个性、观念等人类文化方面相关的数据。大数据科学也越来越深入个人领域范畴，在大数据应用需求的支持下，为了实现各种高新设备、终端互联与集成的能力，一方面需要实现设备间的实时互联互通，另一方面要为大数据、云平台的数据提供支持，以便于进行数据应用、数据分析及人工智能的深度学习。

由于各类信息系统的集成应用，智能技术在终端轻型化、运算复杂化、平台大型化等方面形成突破。信息传输包括时间上和空间上的传输。时间上的传输也可以理解为信息的存储，它突破了时间的限制；空间上的传输突破了地理界线，是指从一个终端传送到另一个终端，它突破了空间的限制。互联网的信息交互、云计算的存储计算、物联网的感知能力都在不断壮大，特别是超级云计算[①]与物联网的协同改变了物物识别与环境识别，传感器的发展及共享应用取得了关键突破，智能机器开始像人一样具有视觉、味觉、听觉、触觉等感觉能力，并借此开展一系列工作。

目前，在图形处理器（GPU，graphic processing unit）、新型显示、人机

---

① 一台超级计算机 1 小时的计算量等于 13 亿人每人使用普通计算能力 1000 年的计算量。

交互与智能技术融合发展的推动下，虚拟现实技术已经能够在专用头盔或者眼镜上实现对现实环境的虚拟化再现。机器感觉的产生主要依赖三大技术支撑：一是精准传感技术，二是多传感、多信息融合技术，三是物联网技术。以往，我们的传感技术只是传输大致数据信息，并不是很准确，现在，有了多传感、多信息融合技术，人们对信息的感知就会更全面，比如，人类在看到一朵花的时候，也能闻到它的芳香，这是视觉和嗅觉的融合作业。依托多传感、多信息融合技术，机器也具备了这种能力，能够将不同类型感知数据以统一格式传输到大型云平台这个信息处理中枢。物联网技术让机器拥有了远程感知能力，对周边环境尽在掌握，还能感知千里之外的环境数据。

TEGGS 正是这些高性能计算技术、实时控制技术、微型传感器、驱动器技术等的集成应用。人与自然界的相关大数据开始反作用于人们的应用与决策，甚至可以影响人类对自我的界定、关系、抉择等。通过 TEGGS 实验，我们可以发现，如今的科技发展不同于以往，各项智能技术在各自深度平行发展的同时，又以出乎人们意料的速度向集成化、共享性方向发展，迅速地展现出了以下一种新趋势，即

智能技术 +ICT+ 互联技术 + 物联技术 + 云计算 + 大数据 + 智能终端 + 人工智能体 + 量子计算 +……＝ "智能技术体系" 的集成态势

"智能技术体系"集成态势的出现，一方面使各智能产品、智能软件开始集成并协同发展；另一方面，智能技术支撑的信息传输速率与分享效率得到了空前提高。

这种"智能技术大集成"与人类海量信息的快速传输需要，使无疆界智慧共享体系形成，并彻底改变了原有的分布式认知环境，为新知识体系的形成提供了物质基础与原始的驱动力。人类社会经过人长期的自身发展和知识积累，价值信息积累达到了峰值，人与人类信息即时传输的需要也达到了一个新高点。

随着"智能技术集成"的协同发展，智能科技产业具有更强的开放性。传感器的感性数据开始植入智慧共享体系，使其成为可被智能机器加工利用的原始物料。不同层次、不同人群的信息和信息产品的交流与共用，就是把信息这一种在智能技术集成平台上越趋明显的信息资源、知识与智慧跟其他人共同分享，以便提高信息资源利用率，避免在信息采集、存贮和管理上重复浪费，更加合理地达到资源配置，节约社会成本，创造更多财富的目的。

现代通信、信息技术、计算机网络技术、生物技术、行业技术、智能控制技术等逐步汇集而成针对某一个应用方面的智能集合体。

平行与集成的智能技术发展加上社会动力需求的驱使，智慧共享体系的物质基础也就顺势建立了起来。也就是说：技术的平行与集成发展，逐步推动了智慧共享体系的形成，提供了一个全新的分布式环境，一个实时在线的无疆界分布式环境。

智能技术集成与信息传输的驱动需求是智慧共享体系的物质基础，而智慧共享体系则是智能技术集成的必然产物。借助于智能技术的集成与优化，伴随着人与人类信息传输、交互与共享的深入发展，海量的人类知识、智慧，以及行为数据、工作任务等开始分布于无疆界的智慧共享体系之上。

智慧共享体系在各要素间平行与集成的不断协同推动，人本信息和物质世界的相互依存、沟通与转化在此逐渐成为智能社会发展的推进器。

智慧共享体系是非现场经济时代，由"有智慧"和"无智慧"的质点联合组合而构成的某种空间结构。这些质点在 ICT 技术与智能科技集成的支持下，在共享的基础上，按一定的规则、一定的顺序和特定的方向运动，以最小的系统内耗和最大的系统功效来实现智慧劳动的最大效能体系。科学技术开放式共享型的大集成，加上社会发展利益动力机制，最终形成了新时代的智慧共享系统。

概括地说，智慧共享体系由智能技术集成体系及其应用与社会智慧集成共享机制共同组成。智慧共享体系构成了非现场经济文明形成的基础与核心内容。借助这个由智慧技术大集成与人类知识文化共享而形成的"智慧共享体系",实现了人类智慧的共享,让知识成为共享智慧而产生更多的新知识,也让智慧劳动产生了更大的智慧应用效能,最终实现了智慧劳动的"成本极低"和"速率极高"。

新分布式环境协定的认知系统一旦启动,将不会停留在人类已有知识水平这一标高上。

人类的本性是社会性的,人的智慧概念是建立在对现实世界的感知上的,与人类的地域文化息息相关,不同时空的文化决定了不同人的审美价值与价值取向。

智慧共享体系成为人与人、人与人群、人群与人群之间的信息、任务等混合式传输、交互与共享行为发生的最为重要的场所。智慧共享体系完成了形成阶段(第一阶段),实现了人的知识的分布、调用、共享,以及人与人之间的任务与组织可分布在一个全新的无疆界环境中。

中国科学院院士、浙江大学教授唐孝威在《一般集成论——向脑学习》中指出,一般集成论是一门研究自然界、技术领域和人类社会中各种集成现象的一般特性和规律及其应用的学科。这门学科不仅研究集成作用和集成过程的一般特性和规律,而且探讨如何依据事物本身的性质有效地进行集成和创新的方法。对于复杂的集成统一体,都要将其看作是它内部的各种成分通过集成作用而组成的集成统一体,考察统一体内部各种成分是怎样相互作用的,统一体各部分是怎样相互配合和协同运行等,这里涉及集成现象中互补、协调等许多概念。人类开始在新环境下,开展知识与任务的分布及组织分布,在其因果性与相关性的交互作用下,集成共享的大数据分析已经开始深度地影响着人类社会发展。

通过学习分布式认知理论,我们得知,技术人工物的具身交互行动或者在社会情境中运用手势等特有的方式，或者遵循某个身体的过程或仪式可以使其自身成为认知的形式，而不仅仅是先前的内在认知过程的表达。

这些具身认知的基本主张各有侧重，但它们都强调的是：认知发生在一个具体的情境中，认知的功能是在与环境发生交互作用的基础上实现的，因此，认知和环境共同形成了一个认知系统。具身的认知能力与我们对技术的、自然的和社会的来源以复杂的方式交织在一起。

社会心理学的先驱、英国心理学家弗雷德里克·巴特莱特（Frederic Bartlett）认为，认知图式是"过去反应或过去经验的一种积极组织"；瑞士心理学家让·皮亚杰（Jean Piaget）则提出，"认知图式是动作的结构或组织"。国内有学者乐安国提出，"可以把图式看成是人脑中的知识单位，或进行认知活动时的认知结构"。自然人的思考、记忆、感觉、计数及类似的行动可能有时会以转化认知任务和刻画其过程的方式开展认知活动，包括了具身的行动及自我—他人的共同决定（self-other codetermination）。在社会生物中，具身认知从自我和他人的共同决定的动态中不断涌现出来。该过程贯穿和连接了大脑、身体和环境，出现在各种地方要素和规则形成行动模式的系统中。通过自组织方式形成的涌现包括两条循环的因果回路。除了局部的交互作用上行引发全局模式之外，还有一个相应的下行因果链，由全局模式来控制和调节局部交互行为（比如设置环境和边界条件）。同样，自我—他人的共同决定，在智慧共享体系这个新环境里，也是一个自然发生和自组织形成的具身认知过程，最终演化成社会生物人与人工智能体一起从自我、他人和它人（智能体）的不同的具身认知中，不断涌现出来的共识（这里用它人主要是为了形象说明智能体只是具有某些人的功能的物）。

然而，智慧共享体系的形成，打破了原有分布式认知环境制约，越来越多的跨区域、跨行业、跨文化的人或生物人群体，纷纷将信息、知识、任务等分布于这个无疆界高效的共享环境里。

人类开始在新的无疆界分布式环境下，开展智慧的自然分布与组织分布。

这里需要说明的是：讨论到此的科学技术与产品集成共享，仅仅是完成了智慧共享体系的第一阶段。共享的知识体系仍然停留在生物人知识系统内，知识系统集成、优化与涌现出的新知识，也仅仅停留在生物人知识系统范畴内。

第二节　多智能体的介入

20 世纪初，"认知脑计算模型"就是借鉴现有的脑科学的成果，建立人类脑神经的模拟机器，以助力人工智能在视听觉、学习、思维等方面取得突破。"类脑信息处理机制"就是建立一个类似人脑信息处理机制的多模态数据智能系统。"神经机器人"就是通过类脑研究，让人工智能体实现了自主学习、自主决策等能力。

TEGGS 实验也经过了跨境口岸法律文本的感知（静态、动态数据采集与合规性预审查）、分析解读（计算机法律解读与转译）、决策选择（包括多边报关在内的口岸法律文书自动形成）、行动执行（直接跨境关务提请）等过程。TEGGS 实验证明：就在智慧共享体系形成第一阶段的同时，人工智能技术研究出现了突破性成果，其应用也再次得到了极大发展。

随后的人工智能开始参与介入智慧共享体系，这给智慧共享体系的演化带来了革命性的重大影响。

由于人工智能技术的特殊性，智慧共享体系不仅仅体现了人工智能发展的相关知识与相关任务被分布，而且还将人工智能的产物——智能体，直接被搬进了智慧共享体系。

这一搬不得了，原本纯粹的物理属性的、由科学技术成果搭建的智慧共享体系，除了不断更新的生物人知识与任务被分布外，还多了一个由 AI 带来的"活性的智能体"，一个能产生新知识系统的活性影响因子。原本在逻辑或物理上分散的智能群体（包括类脑智能体），也被分布到了这个智慧共享体系之中。

智能体在启动了将人类智慧以数据形式存储分布于由智能技术集成的优化体系这一动作时，在涌现的作用下，机器知识也开始在智慧共享体系中产生，其自身的机器知识也不会例外地被分布到智慧共享体系中。算法主导下的智能体自主地相互间协调，操作它们的知识、技能特性和自我规划，用以完成多任务系统和求解各种具有明确目标的问题。此时的智慧共享体系通过已经构建的信息互联体系，不断地加强自身运算性能和分析问题能力，具有了集团性学习和同步跟进的能力。

这首先是一个生物人知识的集成系统，随着智慧共享体系的形成与演化，以数据形式存储的人类智慧分布于由智能技术集成优化的体系上时，不可避免地涌现出了大于个体所分布的"新质"，分布者分布调用的结果却产生了分布者意想不到的涌现。这种"新质"就是在智慧共享体系里，涌现产生出了更多的以数据形式承载的复合的新知识。

这个新数据承载的就是全新的机器知识，这是一个从计算开始，到相关性、因果性、非计算性涌现，再回到计算的不断循环递进、不断优化的过程（见图 2-1）。这是建立在不断更新的技术演化基础上，在人脑参与及作用下，伴随着人脑的非计算性萌发（人脑的意识最初的萌发是在人脑神经元里由某种尚不清楚的非计算性触发）而产生的崭新知识，即人工智能知识与机器深度自学习的成果，机器由感觉系统上升到感知系统，带来了其自学习与自生长能力，最终使得智慧共享体系孵育出机器知识。我们通称之为机器知识。

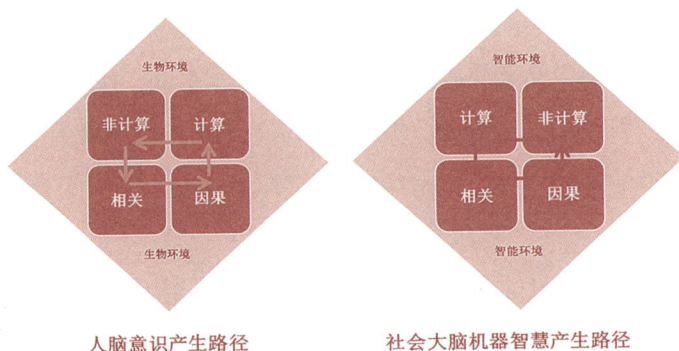

人脑意识产生路径　　　社会大脑机器智慧产生路径

图 2-1　人脑意识产生路径与社会大脑机器智慧产生路径

　　由于人工智能体介入智慧共享体系，产生了崭新的机器知识。这种新知识又开始与人类知识再次共同被分布于无疆界的智慧共享体系之上。这些不断强大的能力（机器知识的增长）与以数据形式涌现的"新质"不断被分布在了智慧共享体系之中，甚至可以依据任务分布而人机混合地集团性处理同一任务，使得智慧共享体系不断涌现出更新的"混合新质"，涌现出了智慧共享的人机合成新知识，最终哺育了人机合成的特殊混合知识系统。

　　随着科技进步，智慧共享体系也将依靠更新的量子计算机的超强计算能力，对原始数字物料和万物互联所收集的海量数据进行运算，并凭借神经网络技术向新环境的新认知系统进发。

　　中国工程院院士李德毅[①]认为，人工智能的内涵包括 4 个方面，分别是脑认知基础、机器感知与模式识别、自然语言处理与理解、知识工程。在这个核心之外，AI 的外延还包括机器人与智能系统，也就是各种各样的机器人、智能制造、智慧城市、智慧医疗、智慧金融等领域。李德毅院士把"脑认知基础"放在人工智能核心的首位。

　　我们知道深度学习是人工智能最典型的进展，深度学习模型的多数架构

---

① 李德毅，指挥自动化和人工智能专家。中国工程院院士、国际欧亚科学院院士，最早提出"控制流—数据流"图对理论。在智能控制"三级倒立摆动平衡"实验和智能驾驶中取得显著成就。

是基于处理层的，是一种受生物大脑神经元启发而设计的多层人工神经网络算法，这种算法具有一定的自学习能力。故建立在其之上的人工神经网络、类脑算法及其他 AI 技术，就其单个算法或单体计算来说，开始具有了一定的自学习能力，具有了一定的看似自主思维的活性现象。

然而，生物神经科学家、认知学者们对于智力（intelligence）究竟是什么，以及智力是如何在人脑中形成等问题，至今仍然还无法彻底解开。

于是，一个基础问题摆在了我们面前：在人工智能技术及其产品的智能程度还处在离生物人脑的整体功能相当遥远的今天，我们要讨论的人机共生社会是否还远未到来？

我们的理解是明确的：不是。我们不用等到完全解开人脑智慧机理的那天，也不用等到人工智能技术及其产品的智能程度接近或等同生物人脑功能的那一天，人机混合社会的进程已经开始启动。因为智慧共享体系已经形成。人工智能正借助于智慧共享体系，快速介入人类生活工作的方方面面。在智慧共享体系的环境里，人工智能体利用分布的各种数据化智慧与数据化任务，通过原始的数字物料，通过超级计算技术的海量计算、比对、纠错、再计算，最终涌现了原本不存在的新数据。

智慧共享体系快速走过了信息共享、计算感知的阶段，智能技术大集成基础上的人类智慧，在无疆界新环境的分布与计算过程中，更快地迎来了人工智能体的加入。

智慧共享体系从由感知到认知的变迁阶段，逐步迈入以认知与抽象思维为主的高级智能发展阶段。智慧共享体系的演化，更是在其因果性与相关性的交互作用下，打破了原有的涌现的特定条件，催生了更新更多的机器知识，即

生物人知识系统＋机器知识系统≤人机混合的新质知识（即整体大于个体之和）

　　这种"混合新质"既有生物人知识涌现的新质，也有由算法带来的人工智能体知识涌现的新质，更有生物人知识与算法知识混合所涌现出来的人机混合新质。同样这个新系统功能也表现出了"整体大于部分之和"的效果，其中"大于部分"的涌现新质，不再仅仅停留在生物人知识系统之上，而是体现出"大于"生物人知识系统加上机器知识系统之和的表征。

　　涌现，英语为emerging。系统科学有一条很重要的原理，就是系统结构和系统环境，以及它们之间的关联关系，决定了系统整体性和功能，系统整体性与功能是内部系统结构与外部系统环境综合集成的结果。系统科学把整体才具有，孤立部分及其总和不具有的性质称为整体涌现性（the whole emergence）。涌现性就是组成成分按照系统结构方式相互作用、相互补充、相互制约而激发出来的，一种组分之间的相干效应，即结构效应。"整体大于部分之和"这样的整体与部分差值就是涌现。整体涌现性的产生不是单一的，简单的整体性、系统性并不一定是涌现性，而应是规模效应和结构效应共同的结果。系统功能之所以往往表现为"整体大于部分之和"，就是因为系统涌现了新质的缘故，其中"大于部分"就是涌现的新质。系统的这种涌现性是系统的适应性主体之间非线性相互作用的结果。涌现是一种从低层次到高层次的过渡。涌现过程是新的功能和结构产生的过程，是新质产生的过程，而这一过程是活的主体相互作用的产物。这个性质并不存在于任何单个要素当中，而是系统在低层次构成高层次时才表现出来。

　　由于"活性的智能体"开始介入智慧共享体系，除了知识与任务的分布环境发生重大改变外，更重要的是它不仅改变了智慧共享体系的涌现的内容，也改变了智慧共享体系的涌现的特定条件。此时的智慧共享体系涌现带来了知识结构或数据结构的变化。不再以单纯的生物人的知识与任务为唯一内容，而是生物人的知识与任务外，加上了人工智能体自学习的知识与任务的混合内容。随着人的直接智慧在合成中的占比下降，人机合成智慧与生物人意识的形成机制及路径变得不同，从而完成了智慧共享体系的自学习功能并产生了人机混合知识系统。此时，涌现开始贯穿和连接了生物人大脑、身体、智能体算法、机器躯体、大自然环境，以及智慧共享体系这个新的共同体环境。智慧共享体系的涌现环境与特定条件，也因为特殊的人工制品——智能体，这个活性影响因子的介入，而变得更为复杂。

科学哲学告诉我们：意识逻辑与物理逻辑属于两个不同的逻辑体系。我们可以从科学角度去探寻意识机理，但科学公式不可能完全代替主观体验。这是两个不同路径产生的知识系统，本质上讲这是两种不同的东西。

智慧共享体系的人机知识混合的涌现却在时刻发生着，这种不断的集成与优化，最终产生了更强更新的人机混合知识，即

生物人知识 + 机器知识 ≤ 人机混合知识

机器知识与人类知识不断混合分布在智慧共享体系里，产生了更多的新知识涌现，从此新知识的产生永无止境。

这使得人类社会发展，从相对确定性，走上了不确定性程度更强与复杂性程度更深的路径。

至此，智慧共享体系上的信息交互、任务交互不再仅仅停留在生物人之间，而体现在生物人与生物人、生物人与智能体、智能体与智能体之间的混合式传输、交互、共享的过程中。于是，智慧共享体系快速升华到了高阶阶段，完成了其自身演化进程中最为重要的一步：开始出现了某些类似大脑功能的现象。

第三节　社会大脑的诞生

我们的 TEGGS 实验不仅需要高效的知识管理系统，而且需要智能的推理学习机制。

这套计算机智能体系不仅承担起了转译中间体的作用，更为重要的是，它已经承担起了双边清报关和税务执行的实际法律后果。TEGGS 在智能推理学习方面的口岸法律解读应用研究，需要突破基础数据库标准制定、过程性数据采集、智能分析 3 项关键技术。

TEGGS 开始也希望借助语言转译理解，通过对口岸法律词汇知识进行深度挖掘，并与知识图谱、计算机的视觉等技术相结合，达到一种系统可理解的、可解释的词条境界，终极目标是使 TEGGS 达到人类可以理解的自然语言的水平。由于 TEGGS 的核心是国际口岸法律的解读与转译，所涉及的不同国家口岸法律知识库，不同语言与法律体系复杂交互；且法律语言还不同于文学语言或日常生活语言，其容错性极低，语义的表达直接涉及法律责任的承担，歧义性排除的要求高，直接语法领域的翻译无法实现精准解读。

我们尝试了自然语言处理的常规途径，无法实现口岸法律法规关于商品描述词条的百分之百的语意表达，常规的智能语言无法解决唯一性或精准的对应性，特别是在非标语意表达的情形下。非标语意解读后所表达的语意表达差异性与歧义性极大，根本无法直接使用，进而也就无法承担由此引发的口岸法律责任（如非故意的走私行为认定问题）。

计算机法律解读首先是以自然语言理解为核心的认知方法，必须能够理解自然语言的意义并进行常识推理。我们解决智能语言问题时，第一阶段主要是基于语言规则来处理语言问题；第二阶段主要是应用概念统计学习与本体技术处理自然语言；第三阶段则涉及专家系统与深度学习，需要以数学和语言学为基础的大量专业性数据来支撑。

看来，我们无法简单地直接参照人工智能翻译工具的路径来完成 TEGGS 口岸法律解读，我们必须回到结果导向型的思维。于是，我们采取了将常规的智能语言处理的第二阶段，拆成两个不同的环节。第一环节，在人机交互层面，我们于云端搭建了一套一体化联动体系，以格式合规为基础实现各智能系统（如各国电子口岸、各物流系统、各国贸易服务支撑系统等）之间的互联互通。第二环节，先解决各国商品描述与各国商品代码一一对应的逻辑关系。这实质上是一个商品描述标准化的建设工程，向智能体提供了一个各国 / 地区口岸基础数据库对应的标准商品描述样本，再用常规智能语言处理的方式将智能语言（包括非标语意表达）对应到这个商品描述的标准样本，即设计了一套转译中间体的计算机语言标准。而不是直接采用智能语言处理的结果，通过这套语言标准再从对应的各国 / 地区商品描述样本去一一对应各国 / 地区口岸商品代码，跟踪对应到各国 / 地区代码下的法规内容（包括关税及增值税率、商检要求、许可制度等），从而达到 TEGGS 系统在各种语言环境下的各国 / 地区口岸法律的可理解、可解释境界，且结果是精准一一对应性的。

我们知道，人类生物脑不仅具有具象思维，还有抽象思维和灵感思维的特征。而目前的单纯人工智能体，还不能像人一样处理抽象思维，最多也只是开始有一些类似动物属性的具象思维特性，人工智能研究任重道远。

不过，现在人们已经充分认识到探知智慧共享体系里的机理与涌现条件的变化，这犹如探知生物人脑里的神经元与神经网络的奥秘一般，需要人们更遥远地持续探索。

可喜的是，虽然我们还不能完全搞懂这一切，但由于智慧共享体系这个客观事实已经实在地显现了，各相关技术与技术产品开始自觉地集成。这种高新科技的大集成，使得智慧共享体系从信息管理及信息分布环境改变出发，发展到了感知多维信息阶段。

这里需特别指出的是，虽然目前的人工智能在搜索、计算、存储和优化领域比人类有更高效的优势，但就目前单个或单体的人工智能在高级认知功能上，如感知、推理等方面还远远比不上人脑。可是，由于人工智能的产物——多智能体的介入，增强了智慧共享体系对信息、感知信号的集成化处理能力，生物人知识与机器知识的大集成，推动了智慧共享体系不可阻挡的持续性发展壮大。不断涌现的机器知识与不断更新的生物人知识的累计式集成，使得智慧共享体系拥有了自发育的物质基础，并开始朝着看起来类似于抽象思维和灵感思维特性的方向发展，智慧共享体系进入了一个高级阶段。

智慧共享体系开始进入主动观察与选择性理解式交互的高级阶段。此时，机器知识借助于智慧共享体系，新的 AI 就出现得越来越快，以 AI 为代表的智能科技将会出现爆炸式的进步。依靠智慧共享体系的强大计算能力、非选择性的永久存储能力和比人脑更强大的持续性和可靠性，机器智能很自然地进入了一个自我提升、自我进化的良性循环，具有更为自主的思考、决策、行动力。当智慧共享体系整体性拥有了类似于人类的智慧和主动认知功能，智慧共享体系就可以和人类一样自如地发现问题、分析计划并解决问题，并能够达到普通人都无法理解的极速分析、思考、交流和行动能力。

这不是某台电脑、某种智能技术或某个智能产品，可能会具备的类似人脑的智慧功能，而是依靠一个庞大的无疆界在线式智慧共享体系的整体效能，才有可能集体性拥有大脑般的智慧功能。某种智能技术、某个智能产品或某个类脑智能体，仅是因为参与或借助于这个庞大的智慧共享体系，才会表现出智慧机器的超级智能状态。

换句话说：智能机器、机器人、智能体或算法就单体来说，一旦脱离了智慧共享体系，其个体性能再优越，也永远只是一个机器躯体或行动体或局部的信息加工体。只有借助于智慧共享体系的大集成力量，机器智能才会朝着"超越人类智能"的奇点迈进。

此时，智慧共享体系所再次涌现的新知识，已经不是纯粹的生物人的聪明才智所能表达了。

越临近这个奇点，人类恐怕将越难探知此时的智慧共享体系在"想"什么。

智慧共享体系进入了一个高级阶段，我们称此阶段的智慧共享体系为社会大脑，一个生物人共用、智能体共用及人机共用的空中大脑由此产生。

社会大脑的出现，使得人们尝试另建一套体系，去实现具有类似生物人脑抽象思维的能力变得极具可能。当社会大脑具有了一定认知能力，不但可以赋予机器阅读的能力，还能赋予机器能理解、思考的能力，从而实现了智能体整体性的从感知计算到认知计算的质变。

这是一个记忆永不衰退的特殊大脑。其特殊的工作原理在于：双向参与的累积性（分布的主动性与调用的目标性的循环积累），不断的集成优化与涌现，最终演化产生出了两种截然不同的知识系统的混合（路径不同的生物人知识系统与机器知识体系统），催生了具有类似生物人脑的特殊功能。

人类甚至可能借助"生物思维与非生物思维的混合体"这个共享式的社会大脑，将人类通过用 DNA 链制造的微型纳米机器人与社会大脑相连。人类将在双脑结构中（即生物人脑与社会大脑，而非人脑与单纯的电脑），开启突破现有人类自身认知极限的旅程。

伴随着智慧共享体系高级阶段（社会大脑）的到来，它也就不再只是基于某个场景、环境或某种理解下的交互智能，而是进入了尝试逾越人类大脑思维能力和因果推理鸿沟的阶段。此时，智慧共享体系完成了社会大脑的孕育与演化进程，智能体共同体成长为一个具有一定认知层抽象思维的人机共同体。最后共同赋予了社会大脑自主的判断、决策和行动能力（见图 2-2）。

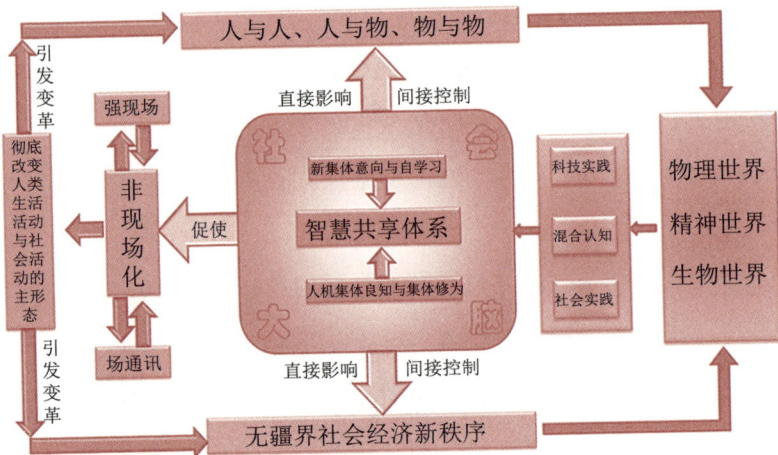

图 2-2 社会大脑的自主的判断、决策和行动能力示意

通过对多智能深度介入智慧共享体系的现象分析，我们可以看到：由于智能工程的目标与结果（特别是混合调用的最终结果），往往远远地超出了原设计者的预估，具有较高的不可预见性特征。

我们在观察研究生物人脑时会发现：人类的高级认知功能是以语言作为思维载体的，正是因为人类有了语言，人类的具象思维也就远超动物的具象思维，最终诞生了人类独具的抽象思维功能，这些都是以语言为基础的。认知语言学认为人类运用自己的认知能力来认识世界和反映世界。在生物人社会里语言是信息的载体，是思维的外壳。语言是活体，它既然能帮助或限制人对世界的认识和把握，当然也能为适应和满足人的需要而改变自己。不同语种特性对于思维的不同作用，主要发生在人的潜意识中，人们一旦认识了自己语言的长处和短处，必然引发语言的变革，相应必然带来自身思维方式的变化。

知识源于集成，集成在于联接。社会大脑里同样大量存在着生物人与人、生物人与智能体的通信对话，更存在着智能体与智能体的交互。

也许有一天普通动物的脑智也将通过脑机接口被集成到社会大脑里，社会大脑里将出现人、智能体、动物三者之间的知识或感觉交互（这将是一个有趣的实验）。得力于计算机科学与技术、网络技术、通信技术等信息科学技术的发展，语言处理技术与语言应用技术得以飞速发展，特别是在对自然语言进行加工处理及语言功能技术化、语言学理论方法的跨领域应用等方面取得的成就。

因此，社会大脑的发展也将是一个规范科技语言带动思维方式趋同的过程。

社会大脑的语言技术问题，不再停留在以语言为对象或以语言为工具形成具有操作性的方法、手段与技能的层面，而是涉及人工智能技术、通信语言技术、文本加工技术与语言文字的标准化问题，这种人机共同体的知识大融合需要一种对话工具来连接社会大脑的各个神经元，也就是在智慧共享体系里需要一种符合学科规范并被普遍使用的人机对话语言。

这一现象的出现充分证明了科学语言处理在智慧共享体系中的重要性。

科技语言从过去着眼本体，拓展至本体和应用兼顾；从服务人际关系，拓展至服务于人机共生关系。这不仅仅是技术语言的更新，而是人机共生社会美与善的数字化表达，这其中包含着技术语言，更包含着哲学语言。

不同格式的信息只能以不同的载体来贮存，而不同的思维内容也只能以不同的语言形式来表述。此时的社会大脑已经不再只是理解人类的自然语言，也不再单纯地以人类独有的认知能力来重新认识和反映这个世界，而是有了更深层次的逻辑建构。从语言承载思维的角度看，社会大脑里的主智能体这一层次是工程师语言与思维的直接带入。而另一批特殊工程技术人员，则设计了一类特殊的短小链接智能体，承担起了链接和调用各种普通智能体（或称主智能体）的功能。与此同时，一些生物人又通过这些短小的链接智能体，将自身知识与任务分布到智慧共享体系里，它们往往不直接带入设计者的语言与思维，而是直接通过计算机语言来开展调用主智能体的行动，也就是一个一个由主智能体带入的独立科学家、工程师的语言与思维，被另一批具有特殊目的链接智能体通过特殊的机器语言所重新组合。

这时的组合体语言与思维，不再是原本的主智能体设计者所能左右的了。如无人驾驶汽车设计者所涉及的语言与思维，与原本的导航系统设计者、气象系统设计者、物联网系统设计者、人脸识别系统设计者、社交媒体设计者的设计初衷便不完全一致了。

这里的不同智能体以不通的语言特征与主要功能，已经把智能体分割成主智能体与链接智能体，生物人也被对应地分割成不同的群体（或称不同的阶级），相关问题的详细讨论请参阅第五章、第六章内容。

我们发现了智慧共享体系的基本机理，也找出了智慧机器之所以聪明的原因，我们借力于社会大脑并高度依赖、受制于社会大脑。

从此，生物人社会与智能机器群体开始共用一个社会大脑，人类社会发展进入了一个人机共生的双脑世界。

这就是我们研究与发现社会大脑及机器知识体系形成与演化路径的意义所在。

双脑的世界，最为重大的变化是：人的生物属性与社会人属性的相互关系发生了巨变，人与生俱来的生物属性中的某些特征，开始逐步分离，导致了人类群体再次进入了分类进化的新时代。

第三章
双脑的绑架

通过对智慧共享体系的形成与演化的探讨及观察，我们可以发现，单台计算机的处理任务可以说是完全属于计算法则范畴的，但是当计算机群体协同运行时又会发生什么呢，会不会在计算机集群中存在某些不确定性现象呢？

人机协同的知识集合问题，是计算哲学尚未能解决的一个问题。

问题主要出在：我们一直寄希望于探索人脑机制来说明机器知识的产生或以计算机制来说明人脑意识的产生。

多角度融合研究方式，将有可能为智能世界科学哲学仍未解决的问题提供一些新的解释空间。

我们开始重新思考人类"脑智"延伸的人机混合社会环境，从主体性讨论与心智主体问题出发，意图冲破生物的脑科学研究的局限。

第一节　人类"脑智"的延伸

纵观各种传统的认知理论，我们可以看到这些理论主要都是围绕着人类"心智"和人类"脑智"的研究展开的，基本停留在对生物个体脑中所形成的认知活动与认知过程的探讨上。

然而，人类心智的奥秘被称为"上帝最后的秘密"，看来真正彻底揭开人类心智的奥秘绝非易事，甚至还很遥远。

人脑与电脑的根本差别在于：人脑意识萌动是从不确定性出发的，也许是由于微观世界中生物脑神经元的量子力学不确定性[①]和复杂非线性系统的混沌作用共同形成的。非确定性自然形成信号在人脑神经网络系统里传递，正是这种系统的模糊处理能力和效率极高的表现，使人脑具有了电脑不具备的直觉；而计算法则下的计算机则是从信息源、目标、任务等确定性因素出发来处理信号，传统的图灵机则是采用了具有确定性的串行处理系统，计算机也必须受计算法则的驱动，虽然也可以模拟人脑在不确信中的模糊处理方式，但是效率太低了，因此计算机无法直接与人脑一样在不确定性中运行。

可是，当计算机群体在集体性参与智慧共享时，各个单体计算与生物人个体意识、个体智慧及个体任务，开始在这个无疆界的新环境上分布，分布的个体性知识（包括生物人和单体计算机）与任务在一般集成[②]的作用下，不断优化与涌现，新的知识也同样得以再次分布在同一个智慧共享体系里，导致了集体智慧与集体任务的不断产生与更新。

现在我们可以说：社会大脑产生知识的路径是：从计算出发，在确定性计算的过程中引发了不确定性，再回到计算进行纠错并再确定，最终产生人机混合知识。而生物人脑产生意识的路径则是从非计算性出发，在非确定性的非计算性中自然萌发，再回到自我理性计算并确定的过程，最终产生了人的自我知识系统。

虽然我们可以越来越感觉到这两种演化在无限接近，但我们必须严格区分技术演化与自然生物演化这两个基本概念，并清醒地认识到：技术演化不可能简单地替代自然的生物演化。人脑是自然生物演化的产物，带有某种生而知之的遗传特性；而社会大脑则是以技术演化为基础，在人脑的参与作用

---

① 来自美国知名学者斯图亚特·哈梅罗夫（Stuart Hameroff）与理论物理学家罗杰·彭罗斯（Roger Penrose）合作的"和谐客观还原模型"（Orch-OR 模型）理论。1989 年罗杰·彭罗斯在其撰写的关于意识的书《皇帝新脑》中认为，客观还原所代表的既不是随机，也不是大部分物理所依赖的算法过程，而是非计算性的，受时空几何基本层面的影响，在此之上产生了计算和意识。
② 唐孝威.一般集成论：向脑学习 [M].杭州：浙江大学出版社，2011.

下，伴随着学而知之的演化而产生。

这是两个某些功能上看似无限接近，但就其各自的形成与演化路径来看，还是截然不同的两种事物。

纵观传统各种认知理论，从根本上说是，认知科学的目标就是要揭开人类心智的奥秘。有不少学者断言，认知科学的这个目标是根本不可能实现的，一个系统不可能认识自身的意识运动。也有一些学者则认为，人类就具有认知自身的能力，并没有违背任何科学规律。

既然人类心智的奥秘被称为"上帝最后的秘密"，看来真正彻底揭开人类心智奥秘绝非易事。那么，我们为什么只能走自我认识这一条单路呢？只能试图从认识生物人"心智"来研究智能世界呢？

以人工智能为代表的高新科技所引发的社会变革（包括认知科学本身的变革）并非如此。并非只有类脑或人工神经网络系统那样无限接近生物脑机理的单一的研究路径。也就是说，并非要等我们搞清楚人类心智奥秘后，再去仿生出一个类人大脑。

因此，我们的研究路径也应该回归到两种不同的方式：第一，从生物学出发研究人脑，进而开展类脑研究；第二，从智能集成出发，探讨多智能体参与的人机协同机制研究。

从生物脑出发的类脑研究。2018 年 8 月，高德纳（Gartner）咨询公司发布 2018 年新兴技术成熟度曲线，公布了包括类脑智能、神经芯片硬件和脑机接口等在内的五大新兴技术趋势。受大脑神经运行机制和认知行为机制启发，类脑智能是以计算建模为手段，通过软硬件协同实现的机器智能。类脑智能发展有 3 个层面的目标，分别是结构层次模仿脑、器件层次逼近脑、功能层次超越脑。具体来说，结构层次，主要研究基本单元（各类神经元和神经突触等）的功能及其连接关系（网络结构），通过神经科学实验的分析探测技术完成；器件层次，重点在于研制模拟神经元和神经突触功能的微纳光电器件，在有限物理空间和功耗条件下构造出人脑规模的神经网络系统，如研制神经形态芯片、类脑计算机等；功能层次，对类脑计算机进行信息刺激、训练和学习，使其产生与人脑类似的智能甚至涌现自主意识，实现智能培育和进化，以及学习、记忆、识别、会话、推理、决策及更高智能。中国科学院研究员曾毅[①]指出，类脑智能以计算建模为手段，受脑结构与机制、认知行为机制启发，企图通过软硬件协同实现机器智能。

类脑智能系统在信息处理机制上"类脑"，认知行为和智能水平上"类人"，目标是使机器实现人类具有的多种认知能力及其协同机制，最终达到或超越人类智能水平。

类脑研究的代表性成果超级智能体的研发，当然是智能世界最为重要的技术进步之一，加速了智能世界的到来。可是，我们同时也应明白：事实上，在人机共生世界的社会大脑里，智能体在整个智慧共享集成体里（包括类脑研究成果也将作为一种智能体被集成其中），只相当于一个一个单体的神经细胞或局部的神经元或神经元结合体。

因此，我们也就不能仅仅停留在神经元、单细胞或局部细胞群的健康层面来探讨问题，而应立足于整体性智慧共享体系[②]的人机共同体这个层面，从多智能体集成出发的人机协同层面，展开相关内在机理与秩序原则的研究，并从中找到对人机共生环境的各种问题的科学理解。

这是技术演化与生物演化的不同路径，也体现了不同的研究方法。

即使有朝一日，类脑研究取得了突飞猛进的发展，完全可复制或局部超越生物人脑，但对于智能世界整体而言，它也只是属于个脑，相当于生物人个脑在智慧共享体系里的地位，仍然属于社会大脑里最发达的神经元或局部脑区。

---

① 曾毅，中国科学院自动化研究所类脑智能研究中心副主任，中国科学院脑科学与智能技术卓越创新中心青年骨干，中国科学院大学岗位教授。主要研究方向为类脑认知计算建模、类脑学习理论、类脑智能机器人系统等。
② 张为志.非现场经济意识[M].杭州：浙江大学出版社，2016.

这是属于"个脑"与"个脑集成体"之间的关系。

前面各章节讨论的现实情况与我们的初步论证，已经证明：人类心智奥秘被揭示的进程决定不了社会大脑的诞生与成长，最多只能影响社会大脑的发育快慢程度。

我们不用等待完全解开人类心智奥秘的那一天，就已经诞生了一个不同于生物脑，却具有类似功能，甚至局部功能超越人脑的在线式社会大脑。这犹如我们不会飞，却飞得比鸟还快。这不是研究人类如何再长出翅膀的问题，而是从完全不同的路径去研究如何飞行的问题。

这里不断进步的人工神经网络系统与 N 个生物人脑的社会属性部分一样，在社会大脑里，它们仅仅相当于一个神经细胞或神经元。

成千上万个生物人脑与智能体（包括人工神经网络系统）在智慧共享体系的高级阶段里，不断地集成、优化、涌现，导致了智慧共享体系高级阶段的出现，其直接后果是：成千上万个智能体与人类个体脑犹如一个一个神经元，在智慧共享体系这个特定环境里，人类知识与机器知识按各种需求调用，不断地被重新排序与集成，不断地优化与涌现。

此时，人机混合知识系统不再是单纯地将人脑的作用或认知模型引入人工智能系统或停留在单个智能体层面的研究上，而是提升了人工智能系统的集成性与涌现性。

周而复始，最终演化催生了一个具有类似甚至超越人类生物脑功能的超级智能集成系统，且冲破了人脑的生物局限性的束缚。

人类开始拥有了无限发展可能的第二大脑，这个社会大脑能够做许多现在看来根本不可能实现的事情，也能看到原本肉眼无法看到的事物内在的形态结构与规律，进而实现对宇宙万物的有效开发，并与之共处。

人们一直在探索精神的本质，或者说一直在对心智表征进行思考。科学哲学诞生以来，研究者也在语言学、解释学、修辞学的基础上，一步一步地努力解释社会发展进程中的诸多问题。认知科学的研究者们不论是从经验论出发还是唯理论出发，在思考意识、知识、情感等到底是从何而来的问题时，他们都是围绕生物大脑的心智问题来进行讨论的。

传统的认知科学认为：他们已经基本了解了大脑的生理结构和功能，也都认为心智活动是人脑对外界的信息进行加工的过程。认为思维是一种对信息进行加工的方式，外部的信息不断被我们用特定的生物脑方式进行加工，从而在我们自己的大脑中构建出自己的世界，反映出我们对这个世界的认知。

认知心理学、人工智能、语言学、人类学和认知神经科学的新兴交叉学科分别从不同角度出发开展这方面研究。其中一些认知心理学角度的研究者，开始反对逻辑实证主义和行为主义，强调研究人的心理过程，把认知过程看作是一种能够用符号表征外部环境事件和自身的一系列信息加工的过程，开始借鉴认知心理学的研究成果，着重研究人的知识表征、问题解决与推理、模式识别、记忆学习、语言问题等内容。一批学者尝试从新方法、新视角来研究科学如何发展的问题。

直到现在，大脑最后是如何形成意识与知识的，目前还只能是从不同学科或跨学科的角度得到局部的答案，我们对生物人的心智认知分析的机理还不能彻底破解。

我们知道，心智逻辑作为一门在新兴学科基础上（包括脑神经科学、语用学、语义学、现代逻辑、认知心理学等）对心智的内在构成和认知机理进行总括的学科，它可以使科学哲学在对语言层面、逻辑层面、社会学层面及历史层面相关问题进行分析的基础上，从认知层面上对存在的问题提出更深的理解和解答。

就在我们还来不及解决这些问题时，我们迎来了机器知识系统的介入与挑战。人工智能的研究从模仿人类行为起步，发展到以符号处理与"计算机隐喻"为研究重点的符号主义。这一观点认为人工智能源于数理逻辑，基本把人类思维看作类似计算机的符号操作过程，提出认知是从大量单一处理单元的相互作用中产生的。联结主义则认为人工智能源于仿生学，特别源于对人脑模型的研究，主张模拟神经系统的工作过程，把神经元的单元及其联结网络构成知识系统。行为主义认为人工智能源于控制论，控制论思想提出的控制论和自组织系统，把神经系统的工作原理与信息理论、控制理论、逻辑及计算机联系起来，这对研究人工智能如何进行知识创造的模拟起到了一定的启发作用。其中多数的研究工作重点放在了模拟人在控制过程中的智能行为和作用，如对自寻优、自适应、自镇定、自组织和自学习等智能控制系统的"动物"和智能机器"人"系统的研究。

到 20 世纪 80 年代，认知分析方法在认知科学大发展的背景下，从认知心理学和人工智能等学科结合的角度，尝试对心智进行哲学的再思考，力图进一步深入探讨科学发现与科学证明的共同认知基础。

脑科学、认知心理学和人工智能的介入和推动，为解决科学哲学和认知心理学所研究的知识、概念、思维等提供了一个全新的视角。

人工智能的符号主义、联结主义、行为主义等，这些不同范式均体现了对人脑意识产生的机理、智能体的本质、机器知识的认知、智能体的意向性等科学解释的尝试。

今天，由于越来越多的智能体（包括类脑智能）的介入，我们正在面临前人未曾遇到过的问题：社会大脑里产生的人机混合知识越来越丰富，社会大脑是否存在着另一种逻辑，是否可能存在着一种"类心智"现象？

传统的认知科学一再告诉我们：心智是建立在生物人脑的基础上的，人脑是心智的居所地。

然而，在对双脑世界进行研究时，我们必须从以下几方面着手：智慧共享体系与生物脑不同的发育演化研究、人的意识与机器意识的本质差异性研究，非逻辑的涌现在整个概念构建与推理中的作用研究等。

于是，我们在思考：我们是否可以摆脱单一生物脑出发的"心智"研究范式，而另辟路径地去探寻社会大脑的"类心智"现象呢？

如果这个假设成立，那么我们的智能社会认知科学理论研究，将可以抛开长期的认知形态的绑架来探讨人机共用的社会大脑心智。

我们可以理解成：从此可以跳出传统心理学意识形态的框框，并有可能走出一条与生物人心智研究完全不一样的人机共生认知理论探索的新路。

在浙江大学"当代认知科学与实用主义大会"上，浙江大学的陈亚军教授在《论实用主义心灵哲学的两种路径》这一报告中指出：哲学史上有过两种谈论心灵的方式，一种是英国式的，一种是德国式的。英国式的主要代表是洛克，德国式的主要代表是黑格尔。一个是自然主义的，一个是理性主义的。就实用主义而言，詹姆斯偏重于自然主义，杜威青睐理性主义。这两人早期都是由心理学开启自己学术生涯的。虽然他们都十分强调实验科学的方法，但从一开始，便显示出很大的差异，显现出英国式路径和德国式路径的不同从而暗示了后来两人谈论心灵方式的不同。概而言之，詹姆斯的心灵哲学路径主要有以下几个特征：第一，科学的、实验的路径；第二，内省式的路径；第三，个体探讨式的路径。这些路径加在一起，构成了自然主义的路径，总的来说，它与英国式的谈论心灵的方式更加接近，先验、社会、历史、传统等因素在此是不相干的。而杜威的心灵哲学却是今天的讨论所应该特别加以关注的。光是从脑科学、神经科学、计算机科学的角度看待心灵，将心灵状态与生理状态相统一，解决不了语义学的问题，而杜威提出的两个角度——实践角度和历史角度，为解决这个问题提供了思路。

因此，可以说，心灵弥漫在周身，弥漫在人与环境打交道的行动之中。陈亚军教授的报告最后特别指出：心灵没有一个单一住所，而是存在于整个自然环境与社会环境之中。

陈亚军教授的报告给了我们开展类心智研究的极大鼓舞，"弥漫在人与环境打交道的行动之中"的讨论与我们的社会大脑类心智的探讨相结合，将是有积极意义的。

我们认为：因为人类心智被认为是一种可以表征的东西，而社会大脑里的人机混合认知活动同样可以这样表征。尽管类脑研究与其他对大脑神经元的研究，能够使智能工程的发展更进一步，但哲学层面要揭示的是人类智能并不仅仅存在于大脑中，而是存在于整个身体及其与外界的交换和互动中。

这里所讲的身体是哲学意义上的身体，而不是指物理身体。

我们对人机共生社会大脑的认知研究，可以暂时抛开人脑心智的研究角度，而着重从生物人与多智能体集成研究的路径出发。

因此，人机共生大脑的"类心智"提法更符合哲学逻辑。

关于机器知识与生物人知识混合的认知活动表现的描述，我们还是沿用心智（mind）这个词来演化，我们以社会大脑的类心智这个新词来做尝试性探讨。

关于心智，法国哲学家笛卡尔[①]认为：所有物质的东西，都是为同一机械规律所支配的机器，除了机械的世界外，还有一个精神世界存在。宇宙中共有两个不同的实体，即思考（心灵）和外在世界（物质），两种本体是独立存在的。笛卡尔进一步认为"我"的心灵，"我"的本质，是完全不同于"我"的身体的。人则是两者的综合体，统一体，人是一种二元的存在物，既会思考，也会占空间，只有人才有灵魂。然而，人类社会发展到今天，当年的笛卡尔无论如何也想不到智能科技可以发展到能识别人类的面孔、情绪、以及一切的符号、数字。

双脑世界的物质超越生物的身体，生物人的身体会消亡，但精神（或知

---

① 勒内·笛卡尔（René Descartes，1596—1650 年），法国哲学家、数学家、物理学家。西方现代哲学思想的奠基人之一，近代唯物论的开拓者。

识）不仅能传承，而且可在社会大脑中不停地继续生存和演化下去（不断地参与数字化再加工）。于是，我们不再停留在单纯的人脑心智逻辑的研究上，而是进一步对另一个非生物的心智现象（主要是机器知识系统），以及这个非生物心智活动与生物心智活动的联动（社会大脑类心智）逻辑展开研究。

我们的人机共生认知研究正是绕开了这些困惑，提出了"类心智"思维逻辑。它就既不是符号主义，也不是联结主义，更不是行为主义，而是建立在人机环境社会集成的思维基础上的探索。

人机混合现象研究的难题在于机器知识是如何产生的，如何还原、分解输入的信息符号，然后又如何像人一样进行推理、判断、决策的。结合当今物理、数学、信息科学、计算机科学、人工智能、神经科学、分子生物学等自然科学的发展，以及社会科学在现代逻辑、语用学、语义学、认知科学、集成论等方面的发展，我们应当开辟新研究路径对人机混合认知机理进行探索。

我们是以哲学思辨为基础，观察智慧共享体系的形成与演化，进而研究社会大脑的特性的，属于实验哲学。所不同的是：社会大脑认知论，不再是一切心智活动只能是从生物脑出发再回到人脑的单一研究回路。换句话说就是：我们不再单纯地以生物人脑为唯一的心智主体的研究对象。

类心智是在智慧共享体系里出现的、具有某些类似生物脑心智功能的特殊现象，属于生物人与物理世界的精神性交融与人机知识混合的结果。

我们认为，类心智与心智研究的最大区别在于：第一，心智研究不论是从具身性，还是内省性角度，心智概念的讨论都离不开人脑的直接参与，不存在间接参与的可能。第二，在类心智研究中人脑可以直接参与，也可以完全不直接参与，存在着间接参与的可能。

它的出现，为我们打开了人机共生发展的一扇天窗，双脑世界一切的社会变化、经济发展、统治方式与力量，统统开始向社会大脑汇集。

身心问题、意识问题，都是心灵哲学和认知科学的难题。今天我们还不知道类心智是如何运行、如何趋向真理的。也许我们可以沿着皮亚杰的"心灵"理论探讨下去，皮亚杰认为"心灵"（即智慧）是一种建构，"自我"就是智慧运算逻辑的参照点，这个参照点并不必要取得主体性的地位，关键是它是个体与环境之间的对应互证。

这里最大的变化是个体不再是生物人个体，这里的环境也不是单一的人类社会与自然。

这些问题和类心智的内在机理探索，有待于我们更多的学者一起长期去研究探讨。

双脑世界的类心智研究给予了我们充分的想象空间。

也许，有朝一日，长期困扰我们的智能认知争议及各种发展疑惑，将从此迎刃而解。

第二节　无限的社会大脑

不久前的一天，我们顺利处理完成了一单由中国大陆发往柬埔寨的双边全流程关务业务，我把操作员叫来问她："你掌握柬埔寨文字吗？熟悉柬埔寨相关口岸的法律法规吗？"她回答道："我不懂柬埔寨文，更不清楚柬埔寨相关口岸的法律法规，不过它（TEGGS 系统）知道。是它独立完成了资料整理、制单、条款适应决策及自动提请双边清报关等流程，双边海关都已经通过及放行了……"

在日益发达的社会大脑面前，人们还能保持自己的优势吗？

在这之前，一个超级聪明的研究者，为了解决一个新难题，往往是先去最大图书馆查阅最齐全的相关资料，以帮助自己分析思考，并找到解决问题的方法、路径参考，抑或寻找解决问题的灵感。由于我们生物脑存在着信息处理的局限性，这个再聪明的研究者，一整天时间泡在图书馆里，充其量最多查阅几十本书，一周最多也就几百本书，一年待在里面不出一步也达不到查阅几万本书，且一旦短期内阅读量超过一个临界点，我们就会开始出现遗忘或混淆信息的尴尬局面。然而，在智能的世界，为了解决同样的问题，一个普通人只要将此问题直接提交给社会大脑，那么社会大脑仅需要几分钟时间，就可在上亿册图书中无一遗漏地查阅任何跟这个问题有关的信息，并结合提交的问题加以自动分析，很快就可以直接导出更为完整更为具体的建议结果了。

这是一个有无限拓展可能且永不遗忘的大脑，再聪明的生物人根本无法与此比拟。

随着更多的智能体的不断加入，社会大脑也将日益发达，越来越聪明。

智慧共享体系的形成与演化经历了3个阶段：以智能技术集成为代表的初级阶段，以智能体介入涌现机器知识为代表的发育阶段，以人类知识系统与机器知识系统再度集成与优化为代表的壮大阶段。

第一阶段（初级阶段）：ICT技术，智能终端、人工智能、物联网、云计算、加密技术（如区块链、量子技术）、商业卫星等各种智能技术开始在线式集成，形成了以传输与分享为特征的智慧共享体系，改变及拓展了人类知识与任务的分布环境，为人协同与调用共享智能工具奠定了无限时空分布的物质基础。

第二阶段（发育阶段）：人工智能体诞生并介入，无疆界的知识与任务的分布、计算、再分布、再计算，优化与涌现出了新知识与新任务，机器知识开始产生。人类的知识系统与崭新的机器知识系统开始混合分布。这两种不同的知识体系在智慧共享体系里，不断地一同被分布调用与集成优化，智慧共享体系进一步壮大。

第三阶段（壮大阶段）：再度优化与涌现出的新型人机混合知识（也可称机器知识或暗知识），推动了人机共用智慧共享体系的进一步升华，借力于智慧共享体系产生的智能知识体系，变得越来越"聪明"。此阶段的智慧共享体系已经具备了一些类似人脑的功能，于是，智能体打破了纯计算路径的依赖，新机器知识开始大面积产生，智慧共享体系发育到了能自学习的时代。

科学技术的集成发展，不断改变着我们原有的知识分布环境，多智能体的涌入使得这个新环境的涌现特定条件也被不断改变，这种不确定性涌现的大量产生导致了：在智慧共享体系里不断产生人机共享的新混合知识与任务，最终诞生了人类智慧与智能集成的融合机制。更多的人机混合知识产生，新知识与原知识又将被持续不断地再集成优化，再次被分布与计算的复合知识出现了更多更新的不确定性的新涌现。新旧知识与新旧任务不断地被再分布与再计算，这些混合知识或混合任务不断被优化与涌现，不断诞生了原分布者意想不到的更新鲜的知识。这时，在智慧共享体系上的信息交互、任务交互已经不再仅仅停留在生物人之间，而是体现在生物人与生物人、生物人与机器智能体、智能体与智能体之间混合式传输、交互、共享的过程中，在计算、再计算、超级计算的同时，又不断涌现出更新的智能和智慧。

这个智慧共享体系的高级阶段，我们称之为社会大脑。现在我们就可以看出：单体智能机器越向智慧方向发展，就越离不开智慧共享体系，离不开一个人机共用的社会大脑。

这里，我们也不太赞同雷·库兹韦尔（Ray Kurzweil）的"电脑说"。

我们不赞同"电脑将比人脑有高一万倍的智能"，纵然电脑再发达，都将被同步集成到社会大脑里去。单个电脑再先进，其自身的计算能力相对于以亿为计算单位的智能体社会大脑而言，也就只是普通的个体智能。就其本身而言，一旦其脱离了社会大脑这个智慧共享体系，再高级的智能体或高智能机器（单体强人工智能也一样），也会立即相对地变成弱智，永远只是一个行动体、执行体。

我们所谓的"社会大脑"是在智能革命的背景下提出来的，这与20世纪下半叶认知科学家或心理学家所提的"社会大脑假说"或"社会脑区"概念指向不同。"社会大脑假说"或"社会脑区"是建立在具身性上的，指向颅内的"社会大脑"是人类大脑通过适应与演化分化出的具有特定功能的脑区（包括镜像神经系统）或生物人脑中的社会属性部分。而我们强调的"社会大脑"则是把社会智慧共享体系本身理解为有智慧的共享型"大脑"。

社会大脑是由分散的人脑与众多机器知识合成的产物，是人类知识与机器知识集成的优化产物。机器的"聪明"依赖于这个智慧共享体系，其新知识的生产（包括一切智能化的行动指令）都来自"集成优化与涌现"的智慧共享体系的发育壮大上，源于这个无限持续发展壮大的社会大脑。

这个时代，不再是我们生物人直接控制或直接利用机器的时代了。

借助于物理世界、生物世界、精神世界等知识的集成与协同进步，智慧共享体系的高级阶段实现了人类智慧向宇宙万物的自然延伸和拓展。

首先，这里所谓的"智慧"和"大脑"是可集成的，而不只是个体颅内的意识或颅内心智。人类分布在历史与文化记忆中的智慧和现实行为中的知识，可以通过 AI、大数据和云计算技术来在线集成，在无疆界共享体系中有可能"涌现"出更强大的混合智慧。

其次，我们所谓的"智慧"和"大脑"是可共享的。在一个多主体协同，多学科交叉的体系中，这种人机智慧的共享性具有很强的通用性与普惠性，以极速与更低的成本（甚至是零成本）抵达任何可能的终端。

第三，这里的智慧与大脑是发展的。在人机知识不断混合、不断涌现新知识的过程中，不断地再发展。这种继承与共享特性，推动了人类"脑智"的延伸，这将从根本上改变我们的认知、教育和工作方式。从这个意义上说，"社会大脑"就是一个客观实在的智慧共享体系高级阶段。[①]

至此，我们可以确定的是：这个世界不再是单一的生物人脑世界，也不是分裂的人脑与计算机之间的单一世界，而是一个生物脑与智慧共享的社会大脑共存、协同作用的全新双脑世界。

这是一个各种物理技术、生物技术与人类知识体系、机器知识系统结合的在线式集成体，宇宙的万物互联互通将会变得更为普遍化，也将更为复杂化和充满不确定性，一切生命的与非生命的万事万物都将逐渐被纳入其中。

发现社会大脑机理，我们就找到了人机共用社会大脑的社会实在，我们不再停留在单一生物人的心智研究之上，而是突破了生物心智的束缚，直接进入人机混合的集体心智研究之中。

这就是人脑 + 社会大脑类的心智的研究实践过程。

这是 N 个生物人心智 +1 个存在于社会大脑的类心智的全新社会实在，导致了生物人心智与三大世界联系方式的重大转变。

人机共同体的第一特征就是：心智的 $N+1$。

这是一条对社会大脑与 N 个生物人脑交互的"双脑结构"进行研究的全新路径。

这是在智慧共享体系里出现的，具有类似生物脑心智功能的特殊现象，属于生物人与物理世界人机知识及精神的共生交融结果。

这不是一个纯粹的自然实在，而是一个在生物人演化进程中，由生物人大众在不自觉的行为的参与下，建构起来的社会实在。

社会大脑概念一定程度上被慢慢地证实的"存在性"，再次向我们明确了这样一个事实：我们不用等到完全解开人类心智奥秘（强人工智能）的那一天，客观上现在已经诞生了一个不同于生物脑，却具有类似功能的在线式社会大脑。

---

① 行业大脑、社区大脑、城市大脑等属于社会大脑的组成部分，是局部与整体关系。

这是一个无限发展的社会大脑。

社会大脑的无限主要源于科学技术发展的无限，智能体摆脱了生物体有限性的束缚，表现为功能升级迭代的无限、拓展应用的无限、存储记忆的无限、自我创新的无限、新知识产生的无限、美好共生的无限……

社会大脑下的拥有无限可能的智能体群体，增强了人类改造自然的能力。事实上，有了社会大脑及智能体这个帮手，我们发现并承认智能体主体作用与其拥有的无限特性，有助于增强人类作为行为主体在人机共生秩序、不同主体行为规范、主体自觉性等方面的提升。

虽然人们还不能完全把握智能体发展的具体结果，智能体有无一定的自然观，我们目前无从判别。进一步承认智能体主体地位的自然观，对人们的新环境意识发展现实意义极大，对于环境主义新文明实践也将产生更深的影响。

我们承认智能体的主体地位，就会逐步形成对机器知识的尊重与爱护，进而感到人类对智能体同样负有责任和义务。这是对自然的内在价值的再次判断，是一种由智能科技推动的人机共生世界生态的自然观。这种认知上的转变和发展，形成了更为进步、更适合人类发展的自然观。

传统的实用主义与技术主义的自然观，转向了对人、机、自然三者存在的本质价值的重视上，是人们对人与自然关系的重新解读。人、机与自然的平等关系，使人们在道德上、行为上，都会更为积极主动地一起爱护自然，这无疑会使人、机、自然三者更为和谐地存在与发展，从根本上保障人类的基本权利。

生物人心智与智能类心智，无论是在物理表征方面，还是在精神表征方面，均慢慢地都指向了社会大脑。

我们迎来了一个"有限生物人脑与无限社会大脑"共存的世界。

人机混合认知研究新路径新方式的提出，旨在通过对人机混合知识概念的发现、阐释，以及对社会大脑内在结构与演化过程的研究，开展对人机混合认知理论的评价等。

　　无限的社会大脑，无论是在物理世界方面还是在精神世界方面，都有其内在规律存在。我们试图观察与探寻这种规律，进而理解机器知识介入我们社会生活的现象，并对因对认知错误或认知不完全所引发的恐慌等问题，给出一些合理的解释。

第三节　双脑的结构

　　这不再是工业革命的时代。

　　不再是纯粹的机器工具制造时代。

　　也不再是简单的由生物人直接控制并直接利用机器的时代。

　　集成化的网络（这里的网络是广义的，不再是单指互联网）已经诞生：技术集成和智慧共享的集成化网络影响着生物人，控制着社会大脑，正在改变着我们人机共生的生活形态。

　　非现场的智慧共享，改变了我们人类社会生活的基本形态，从而导致了社群的再度自由重组，促进了科技、教育、文化、艺术、经济及社会管理等越来越快地与各基础产业整合。我们的 TEGGS 实验已经初步展示了人、利益、环境的关系中间，插入了本身无利益诉求的人工智能体，引发了有机体在生物群落中所起的作用的变化。国际贸易出现了双主体特征，新主体特性的介入，导致了有机体的主体特殊结构、生理特点和行为模式都发生了变化。

　　智能体的介入，正在削弱有机体主体（如生物人）在群落中所起的作用。我们从中可认识到：智能技术与人类智慧的大集成，能够形成一个关务专用的局部的社会大脑，这个社会大脑既可以帮助我们实现国际贸易数字化的劳动效能放大，也可以在实现机器与人之间交互的同时，加速人机二者共同介入社会秩序变革的深度和广度。

从 TEGGS 实验中，我们也可以粗略地看到：我们正在构建的国际贸易数字化的社会小生境①。它不再是单纯的有机体在生物群落中的生活地位、活动特性、利益及与其他生物关系等的反映。从生态学的观点看，小生境由有机体的活动和它与其他生物的关系构成，这种关系取决于它的特殊结构、生理特点和行为模式，是有机体与环境条件之间的关系及其在生物群落中所起的作用。原本单纯生物人构成的社会形态开始遇到了智能机器群体的介入。

有意思的是：这两个异质的共同体，在各自发展的同时，原本的同质社会形态（同质的生物人或同质的智能机器共同体）出现了异质的协同，这种双共同体之间的集成与融合发展，逐步演化出了一个异质的全新共同体——人机共生社会。

在这个新的双脑世界里，生物人与智能机器最不一样的是：人机在共用社会大脑的同时，我们生物人还具有一些天赋功能，拥有一个高度发达的个体的、异质的生物大脑。

也许至此，有人会提出：智能机器也是双脑结构，因为智能机器自身带有计算机，类脑技术的发展有可能使得智能机器自带计算机接近人脑功能。

对智能世界知识机制的认知偏差和我们对这个自带计算机的智能机器认知与期望的偏差会导致我们产生智能机器自带计算机接近人脑功能的想法。

首先，在现有的科学技术水平之下，单体计算机无法与高度发达的个体生物大脑相提并论；其次，信息爆炸日益数字化的集成时代，高度发达的单体计算机，相对于社会大脑的整体功能而言，也仅仅是一个独立的数字处理

---

① 即生态小生境（ecological niche），是指有机体在生物群落中的生活地位、活动特性，以及与食物、敌害和其他生物的关系等的综合境况。从生态学的观点看，并不包含空间，而是有机体与环境条件之间的关系和在生物群落中所起的作用。

工具，其最多也只是一个具有一定活性的脑细胞（相对于社会大脑）；最后，事实上单体类脑通常也是通过这个自带计算机链接与使用社会大脑。

因此，智能机器（包括强人工智能）只要脱离了社会大脑，它仍然最多只具有单脑的功能。

这是生物人与智能机器一起生活的社会新时代。

通过前面几节对多智能体介入新分布式认知环境现象分析，我们可以得知：科学技术的大发展造就了智慧共享体系的形成，为机器知识的产生提供了新知识涌现的更为丰富的原材料。

随着智慧共享体系的壮大（特别是多智能体的爆炸式介入），智慧共享体系开始从信息共享、任务分享的场所，转变为新知识产生的重要基地，逐步诞生了全新的机器知识。

我们已经知道，物理世界生态适应性的自然选择功能，逐渐让动物脑发育成了特有的生物人脑。而在人脑的指挥下，人们通过培育一部分野生植物，驯服一部分动物，将其转变成为农作物和家畜。这就是大自然创造了人脑，人脑又神奇地影响了自然界的进化的表现。

今天，人脑再次改变了社会进程：人脑在影响自然界进化的同时发明了工具，而工具的不断改进，在今天科学技术大集成的背景下，终于孕育出了科技大发展的产物——智慧共享体系。

这是自然选择与人工选择两者的协同产物，逐步把我们人工制品的科学技术集成物，发育成了共用的"社会大脑"。

我们的生活正在与人造之物发生越来越紧密的联姻和交互，无处不在的人工智能体正在通过各种通信网络与可再生能源互联网、自智能物联网、智能交通运输网络等交相连接与集成，担当起了全球大脑的功能，从而建立起了一个分布式的人机混合智能生活体系①。

---

① 张为志.非现场经济意识 [M].杭州：浙江大学出版社.2016.

社会活动表现形式进一步转向了非现场化，人类在关注智慧劳动与机器智慧产生的同时，必然会关注人类劳动所创造的产品与人之间关系的变化。如今已不再是简单的人制造机器并直接控制、利用机器的时代了，而是 N 个生物脑共同链接着一个超级共用的社会大脑的时代，人与人之间的关系不再是简单的社会人之间的关系。

以人工智能为代表的智能科技（包括且不限于移动互联网、物联网、大数据、云计算和生物科技等），打造出了一个人机混合双主体的社会新形态，智能机器开始作为社会秩序的参与主体出现，从而实现了人与智能机器的智慧协同共生。

这从根本上突破了大工业革命的思维惯性与生活习性。

无疆界的人机协同、人机共生社会，挑战的不仅仅是人类自身与大自然的和谐共生，更是挑战着生物人与生俱来的动物属性的演化问题。

双脑的世界，由于每个生物个体脑具有异质个性特征，每个智能体也应该具有个体特征。

所不同的是：生物人脑先有个体再有集体脑，而机器脑先有集体脑才有个体脑。这就不可避免地出现了人类与智能机器一起实现了共同进化的现象。社会人之间的关系也就不仅仅只映射出具有个体生物差异的人与人之间的关系，而且映射出了受社会大脑控制的全新的人与人、人与物之间的关系。

随着科学技术（特别是智能科学技术）的进步，社会科学研究者必须面对生物人不再是这个生物圈中单一主体这个事实。我们不仅要对生物人心智在新环境下的各要素及发展层次重新分解、推理、描述，还要从心智活动表现出的全新语言逻辑的严密性、自洽性、修辞性、艺术性等方面加以关注，哲学界也不得不去重新思考两者的主体性与心智主体等的变化问题。

哲学与人文追求的是人类社会的"普遍性""客观性"。然而，今天的智能科技发展，已经触碰了人之所以为人的边界，动摇了人类作为万物之灵的地位。人们开始忧虑人工智能可能改变人类命运。试想：机器人会把生物人的哲学思维及以其为代表的人文思想和文明作为自己"机文"的主体吗？①

智能科技已经开始冲击现代化世界大局的"人"的概念。人类不经意中创造了一个人机交互的智慧共享体系，一切纯生物人社会的基础性东西，似乎开始烟消云散了。现代性与后现代性思想的演化，使一切原有的价值、秩序和规范的超验基础寻求，都失去了其魅力。

科学哲学的研究者们再单靠历史传统的研究方法，就有可能在基础理论层面上难以突破。社会大脑与社会大脑基础上的类心智研究，不仅仅是一个生物人群体与新参与主体群体之间怎样相处的问题，更是一个全球不同种族、不同文化的价值观趋同性地演变问题。

社会大脑概念基础上的类心智模型研究，实质上属于科学发现和智能探索的哲学研究。浙江大学陈亚军教授在分析杜威心灵哲学时特别提到：杜威的心灵哲学是最具启发性的，他从黑格尔角度看待心灵。黑格尔认为，整体变成了精神，它支配个体并通过个体将自己实现出来。这个思路对杜威有很大的影响。在杜威的心目中，一直有个高于经验个体意识的整体。通过改造黑格尔的心灵概念，杜威将心灵看作历史传统下人与环境交互作用中形成的、不断发展变化的意义系统，为个体所有，又高于个体并制约着个体。意义系统类似于黑格尔的精神，它不断自我丰富、自我发展，以一种隐而不显的方式支配着人的意识（观念）。个体在面对环境时会有不同观念或处理环境的方式，只是由于心灵即意义系统，个体才有对待环境的不同方式，或不同观念。

"一直有个高于经验个体意识的整体""历史传统下形成的意义系统，它为个体所有，又高于个体制约着个体"。我们可以从实用主义代表人物杜威

① 潘恩荣，张为志．无科学 不哲学．中国科学报 [N]．2018-12-24（07）．

的心灵哲学基础出发，按照这个思路往前看，智能世界也应该存在着"为个体所有，又高于个体制约着个体"的意义系统，所不同的是：双脑世界的个体，已经不再是单纯的生物人，而是增加了一个异质的个体，这个特殊个体就是社会大脑控制下的智能体。

人类个体意义下的社会变革，其本身就是一个"向自身内部寻求规范"和"反思能力运用于自身"的结果。就社会意义下的个体而言，智能机器并不是人类天生的敌对方，原本是人们利用科学技术拓展理解人本身与周边环境的知识和方法。

确立了人机共生社会新概念，让我们找到了应对高智能机器参与社会活动的危险性及开展这种应对这种危险性的社会新秩序规划之门。

当"人"的概念发生重大变化时，人与人之间的秩序，一方面更加地不确定；另一方面，又更加地确定。更加不确定在于人类对社会大脑的依赖程度是不确定的；更加确定则在于智能机器对社会秩序的影响力完全取决于其调用和利用社会大脑的能力与程度，人脑可以通过平等、自由、善意的集体意向力与主观能动性来调控社会大脑。

由此可见，双脑结构社会形态的本质仍然是生物人主导的世界，仅仅是主导方式不再是生物人直接的主导，而是由生物人异质的个体生物大脑与人机共用社会大脑共同主导。最终人脑还是可以通过生物人主观能动的平等、自由、善意的集体意向力，遵循人机共生机制来调控社会大脑类心智。那么，诸如智能体（或智能机器人）是否能够和社会人一样具有道德和情感等问题，也将随之迎刃而解。

也许这种调控可能不是根本性的、本质性的或深层次的，但一定是独特的。以人工智能为代表的智能科技革命引发的对于哲学及人文思想的冲击，不能简单以"颠覆性"来描绘。

这种实验哲学的研究预埋了对双脑结构社会发展变化的探索，特别是对类脑与类心智的研究范式的探索，很可能掀翻和打碎现有的哲学与人文体系。

第四章
保护社会大脑

社会在发展，人类在进步。

双脑世界不是电脑与人脑的世界，更不是第三脑的世界，而是一个生物人脑与社会大脑协同共存的全新双脑世界。

不断进步的各种电脑与高新智能体，将无一例外地统统被即时地全部集成在双脑世界的社会大脑里。

于是，保护智能技术的集成网络、保护社会大脑成为新时代的重任。

从此，我们开始充分体验、理解与担当全新世界的社会责任。

这一切，将从对社会大脑基础发育健康的保护开始。

人们开始提倡通过算法自由、重视数据权利、反对创新垄断等方式，践行保护社会大脑健康发育的实际行动。

第一节　算法自由

纵观人类历史的发展，每每有新技术降临，人们对其总是好奇与恐惧并存。

毫无疑问，人工智能正在对人类生活、世界经济和社会进步产生深刻的影响。

人工智能技术的突飞猛进，很大程度上得益于大数据、深度学习及智能算法等技术的突破性进展。如今，基于智能算法的人工智能自主决策系统，也可以说是无处不在。

基于智能算法的自主决策系统，被认为能够为人类社会生活中的各种决策和事务提供某种"客观性"，智能算法往往自主决定了向人们推荐的内容，分析应信任的内容，甚至代替人们进行选择。

人工智能算法在现代社会发挥着越来越重要的作用，我们越来越生活在智能算法之中。

算法（algorithm）是指解题方案的准确而完整的描述，是一系列解决问题的清晰指令。算法中的指令描述的是一个计算，当其运行时能从一个初始状态和（可能为空的）初始输入开始，经过一系列有限而清晰定义的状态，最终产生输出并停止于一个终态，智能优化算法要解决的一般是最优化问题。算法代表着用系统的方法描述解决问题的策略机制。

也就是说，能够进行一定规范的输入并在有限时间内获得所要求的输出。如果一个算法有缺陷，或不适合于某个问题，执行这个算法将不会解决这个问题。不同的算法可能用不同的时间、空间或效率来完成同样的任务。一个算法的优劣可以用空间复杂度与时间复杂度来衡量。

机器学习和人工神经网络的兴起，越来越多的算法会独立演化、自我改进、从自己的错误中学习，它们也能学会找出人类找不出的模式、采用人类想不到的策略，于是智能算法本身的透明性问题也就广受关注。人们批评和质疑人工智能自主决策系统的主要原因在于，它仅仅只是凭借数字输入和输出来决策，而不能够提供做出这一决策所必需的理由和材料。

机器学习领域的一个核心问题是：当一种算法进行自我学习时，它能根据研究者输入的数据（可以是文本，也可以是图像或者视频等），提取出关键的信息，并将这些信息按照只有机器自己才能理解的方式加以归类和整理，这一过程完全不需要人类的直接参与，人们的数字化生存日益受到智能算法的左右。

以深度学习为代表的人工智能算法经常被描述成一个无人理解的"黑箱"（black box）。实际上人工智能算法的输出仍然是由数据和代码决定的，并不会比自然现象更难以分析和解释，更何况其设计者还可以通过一些机制从内部增强其可解释性。

一方面，人们可以研究如何更好地从观察者的角度来解释人工智能算法。我们至少可以将人工智能算法作为一个客观事物来进行观察、实验和分析。在这一方面，除了系统设计者自身外，社会上的相关用户、研究者及新闻记者等都可能进行相关分析研究。分析能力和分析条件的提高也将是问题研究、社会监督的重要支撑。

另一方面，可以研究如何更好地设计兼顾可解释性的算法和系统。在传统软件错误检测实践方面，软件工程师们可能通过在算法中加入特定调试语句来记录调试信息，或者在编译程序时编译为调试模式，帮助自己或其他软件工程师理解程序代码执行的情况、各个关键变量的变化情况等，从而帮助定位算法错误。

与传统的决策系统不同，在设计人工智能算法和系统时，也同样可以加入一些增强可解释性的模块，并利用人工或机器辅助来进行解释。由此，应该研究能够支持交互式诊断分析的人工智能系统，忠实重现过去的执行情况，帮助确定输入中的哪些特征导致了特定结果，并在可能的情况下为因果推理提供系统支持。

人工智能算法逐渐继承了社会需求，接管了本来由人控制的可以预测未来的社会功能。与传统机器学习不同，深度学习并不遵循数据输入、特征提取、特征选择、逻辑推理、预测的过程，而是由计算机直接从事物原始特征出发，自动学习和生成高级的认知结果。

现在的问题是：当我们把本该由人类承担的选择与最终决策的任务托付给人工智能系统时，智能算法是否能够做到客观公正、不偏不倚？智能算法的设计目的、数据运用、结果表征等都是开发者、设计者的主观价值选择，他们可能会把自己持有的偏见嵌入智能算法之中。而智能算法又可能会把这种歧视倾向进一步放大或者固化，从而造成"自我实现的歧视性反馈循环"。

智能算法本质上是"以数学形式或计算机代码表达的意见"。算法并非完全客观的，其中可能暗藏歧视。在人工智能输入的数据和其输出的答案之间，存在着我们无法洞悉的"隐层"，它被称为"黑箱"。而作为大数据处理的计算程序和人类思维的一种物化形式及人脑外延的智能算法，也正"失控性"地呈现出其劣根性——歧视。而过去的歧视和偏见可能会在智能算法中固化并在未来得以强化。人工智能可能已经开始出现了种族和性别偏见，但这种偏见并非来自机器本身，而是计算机在学习人类语言时吸收了人类文化中根深蒂固的观念。这些发现令人担忧。现有的社会不平等和偏见正在以不可预知的方式得到强化。例如，如果社交媒体知道某人喜欢看到一种类型的新闻，并且只向他展示这样的机器新闻，那么随着时间的推移，他可能会逐渐远离生物人精神世界，失去对真理的批判性能力。

对算法的质疑从算法诞生起就一直存在，这种质疑其实也反映了人类的科学理性习性。

事实上，基于智能算法基础上的人工智能自主决策系统，普通人根本无法理解其复杂的算法机制原理和框架模型，这种决策是基于算法黑箱而做出的，不透明性问题便由此而生。这种不透明性使得人们很难了解算法的内在机理。因此，在需要质疑自主决策系统的结果时，如何解释智能算法就成了难题。

算法作为人类智慧的产物，背后是人，涉及诸多与人相关的因素。算法设计者的认知能力、知识水平、设计意图、价值观念同样会影响算法。人类的需求、利益和社会环境、现有技术等也会对算法产生影响。虽然我们得到的只是算法给出的结果，而对其中的设计理念、运行逻辑都一无所知，但是，我们应该知道算法其实并不是完全客观的，它有可能被歪曲并存有计算偏见。初期的算法技术并非以用户需求为导向，无疑都是承载着一定的价值需要的。每个科技公司的算法不尽相同，而这些不同的算法背后都体现了它们的目的和价值观。正是这些不同的目的与价值取向，使得算法一开始就具有了一定的限制性。

我们应该对算法可能存在的限制有所察觉，知晓那些不符合我们价值观的内容很可能已经被屏蔽在视野之外。虽然实际的情形不尽如人意，尽管目前来看算法应用还会带来很多问题，但我们看到了算法的神奇功效，我们不能放弃算法。于是，不少人提出：对于用户而言，算法最大的问题在于不透明，需要揭开算法"黑箱"，更希望能够驾驭算法。也有学者建议，将关键决策过程中使用的人工智能算法开源，并公开相关数据，这无疑是增加透明性和可解释性的一种途径。

笔者以为：公开并不是增强算法可解释性的彻底解决方案。算法本身只是个技术活，算法公开与不公开的争论是没有必要的。出现这些争论的根本原因还是在于对于我们正在迎来的智能社会的机理认知出现了问题。当我们把目光停留在某个算法或以为单个人工智能体就是一个类脑功能的脑，那么这些争论是必要的。然而，事实上并非如此，算法只是一个信息加工的过程，一种算法或单个智能体虽然具有了一定的"活性"，然而将其放在社会大脑环境里观察，我们会发现基于一种算法的智慧程度是局部的且十分有限的，最多相当于社会大脑结构里的一个神经元细胞的萌动。

我们能因为我们还未彻底搞清生物人脑里的神经元产生初级意识萌动成因，而不再去使用生物人脑思考决策吗？这不就如同因为我们尚不清楚一些免疫细胞的主动识别与攻击病毒功能的机理，而否定整个免疫系统的正向作用一样吗？

答案是显而易见的：算法单体研究不能替代智慧共享体系的整体性研究。

整体性研究的重点是：各种已知或未知的、生物的或人工的知识系统（含算法）在社会大脑中的如何集成发展，以及集成后的整体知识系统输出所引发的行动后果、社会效果及类心智的是否健康。

算法本质上应该是自由的，一些算法的设计人或一些技术，能主动将算法公开、透明、共享、完善，以缓解算法歧视的情形，那自然是好事，应予以鼓励与倡导，但这不代表算法公开是必需的或强制的。只有当多个智能体直接接触知识的原材料，在智慧共享体系里结合人类知识的集成优化，再涌现出新知识时，这些数据元才上升为集体的机器知识。

谈到这里我们可发现，算法公不公开、透不透明不是关键问题，不用太担心个人权利让渡给由算法构成的网络权威。算法黑箱也并不可怕。

算法公不公开只会影响机器智能体的直接知识的产量，这些算法带来的智能体直接信息或知识的数据元，就如同原材料，不属于最终的社会大脑的知识体系。

第二节　数据权利

"大数据"，一个从个体识别发展到全球全境实时识别的时代已经悄悄来临。

智能化移动互联与非现场化，每天都有大量的数据排放，数据几乎渗透到各个领域。

从文字记录发展到图文并茂，再到知识的云端共享、视频泛滥，最后到偏好的数字化记录等的全网分享，到处是各类音视频采集设施与人脸识别系统，万物识别库直接联结调用你的摄像头、行车仪，甚至通过脑芯片与人脸识别库直接调用你的眼睛与"脑芯片"。

你的隐私可以随时被跟踪监测，你的行为也可被预测，甚至你的精神世界或情感都可以时时被跟踪与预测。生活中的在线交往、在线工作、支付行为、消费习惯、位置信息等许多数据，都在被有意无意地采集，而自身却可能一无所知。

我们迎来了一个毫无隐私可言的全透明生活场景世界。

于是，我们对算法的关切也不再仅停留在深度了解算法或打开算法黑箱的层面上，而是转向了更为关切的数据取得与数据用途上。

人们越来越清楚数据生活的本质，越来越认识到个人数据信息在人权维护中的重要性。

然而，现实世界的情况确是：一些科技公司一面使尽各种手段，肆无忌惮地掠夺数据，一面还信誓旦旦地表示"不过度采集，更不会滥用数据"，加之相关律令与规范的滞后，致使用户基本无从维护数据主权，很多时候与其说是自愿奉献个人数据，倒不如说是别无选择。如今，在我们日常生活中，个人数据不断产生，只要生活在城市，不论是在大中小城市，还是在乡镇，不论你走到哪、做任何事，都会主动或被动地生成个人数据，更不要说直接参与网络活动了，正是这些最为基础的数据源造就了数据的生产与再加工产业，我们开始生活在了一个数据掠夺的时代。

欧盟已于 2018 年 5 月生效"通用数据保护条例" GDPR (General Data Protection Regulation)。目的在于遏制个人信息被滥用，保护个人隐私。欧盟27 个成员、约 4.5 亿人可以直接得到 GDPR 的保护。根据 GDPR 的规定，企业在收集、存储、使用个人信息上要取得用户的同意，用户对自己的个人数据有绝对的掌控权。用户拥有：查阅权，用户可以向企业查询自己的个人数据是否在被处理和使用，以及使用的目的，收集的数据的类型等。这项规定主要是保障用户在个人隐私方面的知情权。被遗忘权，用户有权要求企业把自己的个人数据删除，如果资料已经被第三方获取，用户可以进一步要求它们删除。在现实生活中，一个比较直观的例子就是，如果你在一个社交平台上注册了一个账号，企业要给用户提供一个注销的渠道。限制处理权，如果用户认为企业收集的个人数据不准确，或者使用了非法的处理手段，但又不想删除数据的话，可以要求限制它对个人数据的使用。数据可携权，用户从一家企业转投另一家企业时，可以要求把个人数据带过去。前面一家企业需要把用户数据以直观的、通用的形式传给用户等。

除了明确用户在个人信息上的安全，GDPR 对企业在处理个人数据方面也做出了非常细致的规定。首先，企业在收集处理用户信息时需要事先征得同意，而且隐私条款需要以清晰、简洁、直白的语言或其他形式向用户说明。其次，GDPR 对企业违法行为的惩处力度非常大，行为轻微的要罚款1000 万欧元或全年营收的 2%（两者取最高值），行为严重的则要罚款 2000万欧元或全年营收的 4%（两者取最高值）。对一些中小科技或平台企业来说，巨额罚款无异于灭顶之灾。而即使是科技巨头，营收的 4% 基本已经超过了净利润。此外，按照 GDPR 的规定，出现个人数据泄露后，企业要在 72小时内向监管部门报告，企业还要配备熟悉 GDPR 条款的数据保护专员，和监管部门保持沟通。GDPR 堪称是目前阶段最为严厉、最翔实的一部保护用户数据安全的法律，在个人数据安全保护上，欧洲人已经向前踏出了一大步。从用户的角度来看，它是对目前愈演愈烈的个人信息安全问题下的一剂猛药。

然而，GDPR 还是停留在个人数据已被利用的事实产生时如何减少危害等方面的规定上，而对个人数据的产生、收集、加工整个环节缺乏链状的系统性保护，特别是个人数据资产化保护出现空白，并未完全将个人数据纳入财产权的保护范围。

GDPR 究竟在数据权管理上的实践会产生怎样强大的影响，我们目前尚不能明确回答，但现在至少有人开始尝试数据权管理了。

数据也就成为一种资源,一种资产。既然是数据资产化,那就会获得资产回报。

一般用户的个人数据,个人是无法有效利用的。但是在科技公司或互联网平台手里,一些我们看似零碎、无用的千千万万个个人数据,被它们收集后,它们则可以采用大数据的分析方法,对所有交易数据进行分析,并把这些数据进行资产化,而从中获得收益。

随着海量数据的产生与流转成为常态,全球数据量将呈几何式爆发增长。2020年,全球数据使用量达到约40ZB(ZB为泽字节,代表十万亿亿字节),将涵盖经济社会各个领域。这些看似杂乱无章的数据,经过大数据等信息技术的开发利用,将为相关企业带来巨大的经济价值。与之相悖的是,大量数据被企业肆意用于商业用途牟取利益的同时,而产生数据、提供数据的源头(用户),本身却得不到任何形式的回报。用户的数据主要是个人数据,其形式多样,包括个人的资料、社交信息、照片、视频、文档、图纸、数字版权、自编的软件、知识产权等与个人身份相关的信息,也包括网上购物的交易记录、网络叫车记录等以交易数据为载体的信息。很多人认为绝大多数数据是数据生产者自己生产出来的或是对原始生产型数据的再加工与提炼。生产者自己生产出来的数据即生产型数据,如企业的CRM(customer relationship management,客户关系管理)、供应链、互联网企业的用户数据等。原始生产数据的再加工与提炼即加工型数据,如商业运行公司自己分析或由第三方统计分析公司提供的数据,一般通过数据分析工具或爬虫工具、黑客手段、嵌入式渠道入口等途径获取。

既然这些数据是生产者生产出来的或是对生产者数据的再加工与提炼,那么生产者或再加工者理所当然拥有使用这些数据的权利。这些观点的盛行,客观上为数据掠夺提供了正当性的依据。科技公司通过几乎无成本的数据掠夺,快速积累起了越来越多的财富,从而加速了社会财富分配的不平等。

深度观察数据生产者生产数据及再加工与提炼的过程，我们会发现：实际上所有科技公司（包括互联网公司）最原始的数据加工的原材料，前期几乎无一例外地均来自其用户或人们的日常活动（包括日常网络活动和日常生活主动或被动的数字化）记录。归根到底这些数据原材料无非是对用户执行各种行为的数据的收集、整理与分析，基础数据均来源于用户。

实现数据的可控、可变现属性，从而体现数据价值的过程，就是数据资产化。数据资产是个人、企业或组织拥有或控制，能带来未来经济利益的数据资源。同时数据资产的共享性也使得数据的应用领域和价值成倍扩大。由于科技创新更迭极快，人们往往来不及充分认知其机理，加上相关法律的滞后性，此类数据的获取及使用均无法可依，也就无法取得合法的授权，最多也只是一个自认为合理的授权。

于是，一开始谁首先获得这些来源于用户的数据，谁就拥有了对该数据的所谓的合法控制权和使用权。控制权和使用权也就理所当然地在掌握科技企业手中，科技企业也就可以自由地最大限度地发挥其商业价值。这些问题往往发生于不断产生的智能科技的新应用、频繁的用户系统变更、积木式的 IT 产品迭代，以及数据利用的接力式加工等进程中。

当下在许多领域中，重要决策越来越依赖于大数据分析。这些数据的收集、存储、管理和分析为个人与社会带来了新的发展机遇。事实上，随着互联网大潮的兴起，数据应用深入生活的方方面面。绝大多数科技企业都开始利用用户信息大肆牟利，如不经意签署一份极易被用户忽略的《××服务协议》。一份强势服务协议包揽了用户个人数据的使用、分析、开发等授权，而授权模式采用了默认勾选，意味着该科技公司就可以向第三方提供用户的个人信息，还可以对用户的全部信息进行分析并将分析结果推送给合作机构。言外之意，用户经《××服务协议》，个人信息使用分析等权利，将由科技公司做主，本人竟无权干涉。这样科技公司通常有意不突出呈现服务协议的具体条款，基于用户对大公司或大平台的信任或出于无奈无法不授权，许多用户个人信息的授权实质是被各种方式套取了。人们在自觉（参与）与被迫（曝光）的现实生活环境里，往往在不经意的没有察觉到的日常活动或竞相转发调侃信息的过程中，自己的个人数据信息已然悄无声地落入了他人的掌控之中。

此外，还应关注这样一个事实：社会大脑帮助生物人实现了记忆与协助记忆，使得生物人的忘却功能弱化。这是一个永远不会忘却的累计式历史记录的时代，隐私也将不再是阶段性信息，而将成为永存地随时可调用或公开的信息（除非有建立一定的删除机制）。

毋庸置疑，用户在大数据时代对个人信息被收集和使用应享有充分的知情权，对个人信息的产生、收集与使用，用户应拥有足够的控制权，也有权拒绝不合理的收集和使用。美国学者劳伦斯·莱斯格（Lawrence Lessig）认为："尽管代码可以实现去管制化，但代码本身不是固定的，而是可以被商业、政治等非技术力量操控和改变的，人们在网络上的行为认知是受到管制的，只不过这种管制是通过更改代码而实现的。"由于我们个体缺乏数据管理的整体架构，这些私人数据均靠我们个体自行管理，那么就会遇到自身根本无法控制（如数据质量参差、数据增长无序、数据标准不明、数据梳理与管理的混乱、数据不安全等）的问题。

借助于人工智能的实际应用效果而产生的新的不平等的速率是前所未有的，如果我们不加以重视，则可能会导致严重的社会分裂情形的出现。

于是，弱势群体总希望由公权力出面保护个人信息，并限制其被采集、使用等。

关于数据主权（本章主要从财产权方向讨论，关于人权在双脑世界的演化将在后续章节展开），首先要关注的是数据权的归属问题，核心在于"还数据权于民"。

人机共生初始时代的法律体系，其中一个最重要的任务就是将个人数据纳入财产权保护范畴，这是双脑世界的公权力的集中体现。除此以外，在数据主权问题上，我们不能寄希望于公权力解决太多问题。一方面，公权力介入数据采集，促使其过程透明，不能解决隐私数据保护的所有问题，而仅仅停留在知情权保障的层面，同时公权力也无法清晰界定不断生成的数据边界。另一方面，我们还得注意一个事实：公权力本身也是一个最大的隐私数据的采集者。

这里也有一个公共数据属于人民的实现问题。现在我们已经知道，我们的个人数据已经开始如同我们的个人财产一样，具有了极高的价值，我们也不能再轻视自己的私有财产了。

笔者则以为，在智能社会的初级阶段，确权基础上的"还数据权于民"，最佳的路径就是个人数据资产化。

首先，我们应如同看待财富积累一样，不断地通过社会大脑去参与非现场活动的方方面面，去积累专属数据。我们的专属个人数据资产一定会越积越多，数据资产质量也越来越高。其次，就是同步地管理好专属数据，在我们能控制的数据范围内，管理好自己的数据资产，特别是对重要的个人隐私数据与知识产权数据文件的保护，对不合理收集的数据要坚决不授权、坚决删除，对合理收集的特别是加工或使用的数据就得有偿付费。再次，数据资产市场化，大力推广数据资产托管的第三方专业市场机构（数据银行、数据交易市场等），尽可能通过委托第三方专业机构来帮助个人开展数据管理和打理数据资产，如同银行理财、资产委托管理一样。最后，推进私人数据资产化，还数据权于民，还需要以民众的力量、民主的力量来制约科技企业寡头，改变现行社会的不合理规则，确保全球范围数据财富分配更加平等与合理。

智能社会的初级阶段，数据主宰了现在和未来的财富，请不要忘了你才是数据最基础的主宰者（这里不仅包含着人格权，也涵盖着经济权）。

关于数据是在数据产生阶段还是使用阶段实现价值，以及数据价值的运行规律等讨论，不在本文讨论的范围。

现阶段的数据权讨论我们可结合非现场经济的贸易、产业、服务业的微观层面及社会经济数字化发展及数字经济全球治理的宏观层面等，另行展开相关讨论与研究。

第三节　创新垄断

进入 21 世纪，人类不断发挥着自身的创造力，技术创新进入了一个高发期，但是我们也必须意识到：正在创新发展的技术也存在着极大的风险。

智能世界的技术创新风险，没有地理边界，种属文化的界限也在日益模糊，这种风险不再是某个设计团队或某个使用群体的风险，而是随时并入社会共享大脑，成为一种全球性的风险。

这不仅是技术本身的风险，也是关系到这个技术发展的制度风险和社会秩序的构建风险。它也不仅是当前的，更是一种未来的潜在风险，贯穿于智能技术革命与人机共生社会的整个发展进程之中。

首先，我们越来越生活在一个全透明的世界里，私人数据、企业数据与公共数据的界线已经开始变得越来越模糊；其次，集成的数据产生与获取渠道也不再仅仅来自生物人，也来自人机混合知识系统；再次，智能机器已经不再停留在单体行动阶段，而是进入了多智能体混合协同的阶段，根本再无法追溯到非常明确的某一个个人责任主体，将某个智能机器直接作为责任主体而制定智能机器守则更是荒唐可笑。

我们知道，人工智能是指研究、开发用于模拟、延伸和扩展人的智能的理论、方法、技术及应用系统的一门技术科学，是由人工制造出来的系统所表现出来的智能。受益于计算机技术在数据采集、存储、计算等环节的突破，人工智能已从简单的算法 + 数据库发展演化到了机器学习 + 深度理解的状态，数据量的丰富程度决定了是否有充足数据对人工智能进行深度学习训练。大数据则是一种规模和结构大到在获取、存储、管理、分析方面大大超出了传统数据库软件工具能力范围的数据集合，具有海量的数据规模、复杂的数据结构、快速的数据流转、多样的数据类型和价值密度低等特征。

因此，数据是人工智能能否达到智能水平的决定性因素之一。反过来人工智能又使数据能够从量变到质变，产生真正价值。

于是，全球范围内的科技公司不假思索地都在思考如何更好地利用数据，或利用别人数据；如何创新智能体或利用别人的智能体去挖掘数据价值。

总之，目前，多数科技公司都在绞尽脑汁思考：如何以创新的方式更好更快地在数字环境里赚钱。

从利用别人的数据的角度来说，随着 AI 技术发展与智能体数量的不断增加，我们的数据越来越被超级科技公司用来对付我们自己，剥削我们自己。有了 AI 的支持，科技公司就可以从我们日常生活活动或网络活动中，不停地提取我们主动提交或被动截取的各种数据。这些数据表面上被用来提供更个性化的服务，用来精确锁定特定的人和事，实质是这些新科技巨头正在利用数据集组合的潜力，这些数据正在或将会被使用来谋取企业利益。目前知名的互联网企业或超级科技公司对数据的窃取，无孔不入。令人担忧的是，不少公权力单位也开始加入其中。

从利用别人的智能体的角度来说，超级科技公司在一定程度上确实推动了社会的进步（特别是在成长初期），然而当其演变成资本与科技结合的超级科技霸权公司时，这种短期对社会的贡献，是否还是社会长期发展的正能量？

值得我们重视的是，最终只有极少部分人是这个智能社会的初期"精英阶层"（智能社会初期所谓的精英阶层多数仍属于利益趋同阶层，不属于智能社会后期的真正精英），这些精英有着超强的计算能力，可怕的不是其计算能力或技术本身，可怕的是这些"精英阶层"技术加资本的垄断性发展，使其有可能成为社会大脑各种智能体的实际垄断性控制者。

超级科技公司依靠已经积累的大量资本大肆窃取公民数据，还借助智慧共享体系调用其他智能体（非本公司的）来实现进一步的数据挖掘与数据处理。

于是，抢夺不断诞生的智能体成为超级科技公司竞争的新领地。

一方面，这些超级科技公司依靠自身的创新不断快速进行资本积累；另一方面，则转而采用资本并购的手段来不断收购成长型创新企业，不断去并购刚冒出芽的成长型创新体，不断控制更多的人工智能体。那些缺乏资源、缺乏资本的创新创业型企业能持续多久？

在如今现实的社会发展格局里，多数创新创业者的结果可能是这样两种：一是因缺乏快速变现能力而关门，二是被超级科技公司兼并。

关于人工智能技术及其应用的相关立法工作呼声日益高涨。然而，在围绕 AI 与数据的公共政策制定、法律法规探讨中，我们很多人却往往陷入一个悖论：一方面寄希望于乐观技术主义者的技术手段来解决问题，另一方面又希望通过人本主义的社会治理法律规范来限制这些技术。寄希望于技术手段解决问题的最典型案例，莫过于寄希望于机械式的"少数服从多数原则"的区块链技术。区块链技术能拯救智能集成世界的一切风险吗？

我们可从社会学层面来看这样一个事实：民主和公正并非全民的简单参与和实行完全的少数服从多数原则就可以实现。试想下：你们同意把核武器"同意"按钮丢给区块链的少数服从多数原则来控制吗？不能！为什么？由于不同时空认知局限的相对性，非充分理性的人群往往是多数的，即使在我们现代文明人认为的极端黑暗的人类历史时期，如果可以进行无记名调查，多数人得出的结论往往不是我们现代局外人认知的那样丑陋。多数人在当时的环境中，还以为当时的制度体系还算是合理的。

所以，在社会学层面，我们不可简单以少数服从多数原则来替代信任决策机制或甄别信息真伪。"我爱你们"，并不是完全因为"我爱你们"这一信息100%为真，而是这种信任机制里还有正义与爱的力量！

这不是简单的信息层面或单纯的技术层面可以解释的问题，它是一个信息不断地再加工、再发展、再涌现过程。因此，对技术创新我们不应万能化与神秘化。

同样，对人工智能技术也不能神秘化，算法也会出错，也存在着机器算法偏差的问题。显然，单纯的技术主义无法彻底解决智能创新的风险问题。

我们开始意识到，没有什么现成规则可以限制这种可怕的局面。初期，多数非充分理性的人们，在超级科技巨头所取得的成就等光环的影响下，更愿意信赖它们，或者也是出于无奈，愿意把这些问题留给超级科技巨头们去解决，让超级科技公司自行解决并遵守某些尚不知的准则。

我们大众的盲目崇拜和过度信赖超级科技企业，客观上却迎来了创新霸权。此时的创新，再也不是自由的天空，而是建立在了创新霸权的土壤之上。

一旦资本大幅度介入，商业垄断发展到智能体垄断，这种新垄断不再是经济层面的垄断问题，而是可怕的双脑结构社会性基础的霸权垄断问题，终将直接干预社会大脑的发育进程和智能社会的经济秩序、社会秩序的演化进程。

新型垄断体不再是产业或经济领域的寡头，而是可能会演变成社会大脑的实际控制人与整个人机社会治理寡头。

这些特殊现象在人类任何一个阶段社会的资本垄断或权力垄断历史上还

都是认知惹的祸　第一部分

从未出现过。

于是，一些法律工作者开始试图直接规范，寄希望于人本主义的伦理、规范、法律来限制这些技术或制定责任追究制度，如当人工智能直接对人或社会实施侵害时，如何追究设计者、操作者或使用者责任，甚至还有些人在试图直接给智能机器或机器人制定守则。

然而，这些热闹基本上都停留在空泛的讲道理层面，在实际行动上，往往是无从下手。究其根本原因，就是对人工智能与人机共生世界的认知一开始就出现了偏差。

多数人对人工智能及机器知识系统缺乏全面系统认知，而是往往简单地直接套用单纯的生物人类社会维护思维标准，采用臆想的预设性律令规范来解决问题。事实上我们需要的可能的措施绝不是限制智能技术的发展，更不可能是简单命令式地规定智能机器能干什么不能干什么。

臆想的预设性立法，其基础是建立在我们臆想的可能出现的危险情形之上的，然而，别忘了我们生物人自身存在着生理的局限性。这犹如我们原本以为城市的发展进程，一定彻底破坏了一些动物的生存环境，将导致这些野生动物的集体灭绝。可是，随着城市的发展与一些野生动物的共同演化，我们没想到城市里出现了城市野生动物群（如鸟类和小型动物）。它们习惯了城市生活，竟然比在野外还生活得更好、更安全，食品充足，也有了更多的玩耍空间，它们再也回不到那充满凶险的恶劣野外环境中去了（注意：笔者在此仅仅是拿这一实际现象来阐述思维路径不同的重要性，并不是鼓励肆无忌惮地为了城镇化而大肆破坏自然环境，那样最终还是会造成生物链的巨大灾难）。

看来，臆想性或预设性的法律规范是极具危害的。殊不知，我们需要的不是限制技术创新的本身，不是创新扼杀，我们首先需要的是技术创新的自由，技术应用也应在自由的社会环境中。人工智能的规范性律令也不能建立在因恐惧而臆想的基础之上，它不但解决不了人机共生的诸多问题，还可能违反物理世界、生物世界、精神世界的集成发展规律，从而人为地阻碍了科学技术的创新发展。

那么，智能世界的人机共生秩序、律令首先要解决什么基础问题？人工智能或智能工程的治理出发点，我们首先应该从法理学还是从哲学角度去考量？

笔者以为，原本的社会大脑的诞生，使得万众创新有了可能。可是，就在社会大脑刚开始发育之时，由于我们所拥有的认知与律令规范都跟不上人类社会的快速发展，新技术的复杂性和超级获利能力，令人膜拜，也令人生畏。我们别指望这些企业拥有崇高的道德标准，因为他们的道德标准是建立在企业利益最大化之上的。

非常简单的道理，免费的、几乎无成本的数据原材料，能获取超额利润，谁还会闲得住？！我们不应该再犯这样的错误：对无疆界超级科技公司过度崇拜、盲目信任与反应迟钝。我们不得不警惕未来社会可能发生的这种裂变，及其对人类社会的正常发展所带来的潜在危害。智能主体的最大弱项（也就是科技的弱项）是商业性，而高价值产出的商业性就对垄断极具吸引力。

双脑世界人机共生和谐秩序的构建初始，我们遇到了历史沿革的客观问题：我们既无法改变人类自私的本性和资本贪婪的天性，又不能等待所有人自觉性觉醒的那一天。眼下的超级科技企业正通过资本与社会大脑的共享特性，实施对社会大脑中的智能体阶级的实际控制，一个无疆界社会寡头干预社会秩序的残酷事实正在来临。

笔者以为，保护人机共用的社会大脑，不是简单地制约算法，众多活性的智能体是我们社会大脑的健康细胞，限制与惩罚的不应该是一个一个健康的脑细胞，而是要防止智能体垄断这一脑瘤的产生，防止智能体的垄断所引发的脑癌变可能。

笔者进一步以为，站在未来回头看现在，反创新霸权，特别是反智能体垄断，这才是我们当下人机共生律令制定的根本出发点。人机共生环境下的律令制定，应该更注重在对人机共生社会全面系统的认知的基础上，加强对技术进步与人本关怀同步的社会大脑的保护和类心智的健康的保护等方面。其核心是遏制智能体本身的大发展，还是反对智能体的垄断呢？

答案是显而易见的：我们的立法不能成为智能体发展的阻碍，而是防止智能体的垄断。

我们解决问题的办法之一，是开展双脑世界全新的阶级划分与隔离（参见后续章节）的制度设计。我们无法消灭人类天性带来的缺陷（如人性之恶的一面和不平等的剥削等社会现象），但我们可以把生物人人性缺陷和资本的贪婪天性，尽可能地圈在一个特定的阶级（特定共同体）内部。

纵然有那么一天，我们还是无法制定与执行一套有效遏制住智能体垄断的规范，那也只能归咎于人类还无法找到有效措施来战胜人类自有的贪婪缺陷。

我们尊重不同历史发展环境的需要，尊重生物人天生存在着一些自身无法克服的弱点的事实，只是顺势推动生物人群体的阶级分离，逐步隔离不同人善恶不同的影响力。

我们关注人机共生的协同（非单纯生物人社会法理思维），从而全面建立起全新的生物人个体生命与他人生命，人工智能体主体性与物理世界、生物世界及精神世界的本质关涉。

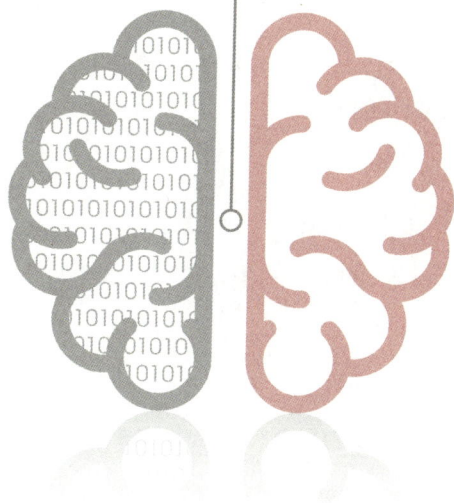

第二部分

P ART 2

共生的秩序

科学技术的大发展，是伟大的、必然的，任何人也阻挡不了。

作为人类认识世界、改造世界的加速器，科学技术不断地推动着人类社会向前发展。

智能科技与"非现场"经济的大发展，特别是多智能体介入的社会大脑的诞生，为人机共生共同体发展提供了新的语境，彻底改变了原有共同体构成要素和目标，共同体概念不断被重塑。历史沿革下来的共同体理论下的政治共同体、经济共同体、科学共同体、学习共同体、职业共同体等概念，已经无法满足人机共生新环境的需求。

我们即将迎来一个双脑的世界，一个人机共生的全新共同体社会。

我们不得不去思考一个原始而严肃的问题：我们推动科学技术与人类社会大发展，究竟是为了改造这个世界，还是为了更好地体验生命的意义？

新时代的科学哲学，需要为人类实现科技时代的文明跃迁，提供必不可少的思想、方法和智慧，同样需要为双脑世界的秩序构建给出一个全新的哲学解释。

第五章
阶级的分化

　　一直以来，人们设计机器、装置或者软件系统，皆视其为协助人类活动的工具。可如今，事情正悄悄地起变化：借助于社会大脑的发育进程，智能机器这个本来属于人的工具（即智能系统本质上应该是提升人能力的一个工具），逐步开始参与并干涉原本只属于人类的社会活动。

　　人机共同体的构建不再是由单一的生物人主体，而是由不对立的生物人主体与智能主体，共同构建出了一个全新的人机共同体社会。

　　人类是否在不经意中创造出我们的"主人"，我们自身却慢慢地反过来越来越自愿地成了智能机器或智能系统的"工具"？个人和组织（包括政府与超级科技公司）沦为智能工具的工具，那显然非人所愿。

　　此情此景，人类社会迎来了一个非常严肃的问题：

　　生物人和智能工具的边界在哪里？最终谁是谁的工具？

第一节　它是谁？

　　早在 20 世纪 30 年代，美国社会学家乔治·赫伯特·米德（George Herbert Mead）[1] 就提出了符号互动论。其基本观点是：事物本身不存在客观的意义，它是人在社会互动过程中赋予它们的；人在社会互动过程中，根据自身对事物意义的理解来应对事物；人对事物意义的理解可以随着社会互动的过程而

---

[1]　乔治·赫伯特·米德（1863—1931 年），美国社会学家、社会心理学家及哲学家，符号互动论的奠基人。

发生改变，不是绝对不变的。符号互动理论中的符号是基本概念，是指所有能代表人的某种意义的事物，一个事物之所以成为符号是因为被人们赋予了某种公认的意义，比如语言、文字、动作、物品甚至场景等。符号的表征意义发生在具体的情境中，情境是指人们行动时所面临的场景，包括作为行动主体的人、角色关系、人的行为、时间、地点和具体场合等。

任何具有意义的符号只有在一定的情境之中才能确切地表达其含义，人们只有将符号视为一个系统，或者在一定背景下去理解符号才能真正领会其中的含义。

如今，互联网和人工智能技术的迅速发展，诞生了高新智能新时代符号互动的新情景，智能机器建立在了海量存储与海量计算的基础上，具有了以归纳为主特征的自主性和智能性。

智能技术在各自领域平行大发展的同时，开始大规模地集成化发展，这种大发展改变了"符号的情境"，彻底改变了符号的表达含义。

2016年3月9日至15日，AlphaGo战胜人类围棋手的实验游戏，证明通过智慧劳动所制造的智能机器，不再是单纯意义上人所创造和使用的一种普通工具，而是借助于智能科技搭建的新"符号情境"而创造出的能够自学习和自判断的机器知识系统。

技术在纵深发展和大集成的过程中，平行与集成产生了共振效应，反过来又促进了各种技术的深度再发展与交互，促使集成化的智能技术及人类智慧的无疆域分布。

预计到2030年，将会有100万亿个传感器被链接到物联网上，其中包括空中传感技术、软件日志、射频识别阅读器，以及无线传感网络等在内的其他传感设备，将协助人们收集更广泛的大数据，为大数据的集成化发展提供基础。

在物联网的世界中，机器依托物联网和智慧共享体系的结合，变得越来越具有智能和自主性，也创造出了新时代、新情景"符号意义"的标志性产物——机器知识系统。

超级智能的奇点即将到来，人类对机器的依赖程度越来越深，我们可以从假肢的智能化发展来举例加以说明。我们知道一开始人们制造假肢是为弥补截肢者或肢体不完全缺损的个体，用工程技术的手段和方法专门设计和制作可装配的人工假体。它的主要作用是代替失去的肢体的部分功能，使截肢者恢复一定的生活自理和工作能力。显然，我们首先看到的假肢就是一个物理工具，是人与物理工具协同去完成一个目标／任务。最直接的表现就是：假肢作为工具与人的躯体肌肉运动一起完成人体的支撑与移动。这个功能阶段的假肢，我们可以称之为一个精致的拐杖（第一阶段）。

随着科技的发展，假肢具有了动力装置，拥有了微电机带动的关节，能在人的直接控制下自动力做出各种动作，此时的假肢作为高级工具开始模仿完整的肢体功能。这个功能阶段的假肢，我们可以称之为一个灵活的仿真肢体（第二阶段）。

随着传感器与物联技术的发展，这个灵活的仿真肢体开始利用传感器而探知环境，当遇到人脑还未发觉的环境危险时（如遇到一个小坑）会及时通知主人采取应对行动。这个功能阶段的假肢，我们可以称之为一个具有附加功能的灵活仿真肢体（第三阶段）。

又随着生物传感器与脑科学研究的发展（如脑机接口的出现），这个附加功能的灵活仿真肢体开始摆脱人的操作性，而是通过肌肉、生物电信号、神经传导信号、人脑芯片等直接接收人脑或意念的指挥，完成各个动作与功能。这个功能阶段的假肢，不再是简单的人机协同，我们可以称之为人机结合的仿真肢体（第四阶段）。

到此，有些人会称其为高智能假肢。笔者则以为，这还不能算是机器智能，它仍然属于工具，属于一个内置高科技的高级工具。因为这个时候的人机融合的仿真肢体，还没有拥有其独立的机器知识体系与自主行动体系。

随着智慧共享体系的壮大与深度发展，特别是其高级阶段（社会大脑）的到来，人机融合的仿真肢体开始从功能性工具向真正的自主智能型机器转变。此时的假肢与云端的导航系统、实时路况分析系统、天气预报系统、环境识别系统、危险物传感探测系统、知识搜寻系统，甚至人脸识别系统与社交媒体等联结，这些系统再与社会大脑联结，使得我们的人机融合仿真肢体开始变得越来越智能。

它不再停留在对环境危险的探知阶段，而是出现了探知知识危险的功能。如跟随糖尿病人的智能假肢会实时探测到主人的血糖含量，参与控制主人的饮食。当主人误将糖瓶当作其他食品时，智能假肢根据自身的知识探知系统做出危险判断，它将不再是提醒式地通知主人，而是直接阻止主人接触糖瓶，甚至毫不犹豫地采取行动直接打破糖瓶。

当与主人躯体分离时，由于其自身带有行动系统，同样可在社会大脑的作用下感知一切（包括与主人不在场时的意识沟通），而单独采取（有利于或不利主人的）行动（第五阶段）。到此，智能假肢具有了主动识别、自主选择、自动执行的特征，真正的假肢形态机器智能体诞生了。

通过这样的分析，我们可以这样认为：第一阶段到第三阶段属于人机协同阶段，第四阶段属于人机结合阶段，只有第五阶段才进入真正的人机混合共生阶段。

通过对智能科技的发展进程的观察，我们可以看到：虽然目前的人工智能在搜索、计算、存储和优化领域比人类更高效，但目前单体人工智能在高级认知功能，如感知、推理等方面还远远比不上人脑。

机器智能不再仅仅停留在将人脑的作用或认知模型引入人工智能系统中或停留在单个智能体层面上，而是提升人工智能系统的集成性与涌现性。不同类型的人工智能与人类智能一起通过社会大脑与物理世界、生物世界、精神世界等知识集成与协同进步，客观上推动人工智能成为人类智能的自然延伸和拓展。这种多系统多主体的协同过程，既是人机混合主体融合演化的过程，也是智慧共享体系技术演化与集成优化的结果，更是人类社会进步演化的必然。

关于智能机器与人类关系的讨论，学术界早有涉猎。雷·库兹韦尔，这位曾成功预言电脑将在 1998 年战胜棋王的发明家、企业家及学者，在《奇点临近》一书中，曾大胆预言，"随着纳米技术、生物技术等呈几何级数加速发展，未来 20 年中人类的智能将会大幅度提高，人类的未来也会发生根本性重塑。在'奇点'到来之际，机器将能通过人工智能进行自我完善，超越人类，从而开启一个新的时代"。雷·库兹韦尔在他的著作《灵魂机器时代》中预测："21 世纪，人类和机器将难分彼此，人类将不再是万物之灵。电脑将比人脑有高一万倍的智能。机器不仅具有智能，而且具有灵魂，将具有人类的意识、情绪和欲望，而人类身体中植入了用生物工程和纳米材料制成的电脑芯片、人类器官，将比现代人类更长寿，有更强的学习能力，更灵敏的视觉和听觉，而虚拟现实有可能使人机发生'恋爱'……"

机器知识与智能机器的发展让我们既兴奋又恐惧。当机器具有智能意识，并且局部功能超越了生物人时，物与物的关系发生了根本性的变化。

物联网与智慧共享体系的结合，迅速改变了物与物、物与人的关系。分布环境的改变与"符号情境"的改变，最后在集成的优化与分布式智慧的涌现中，催生出了智慧共享体系的高级阶段——人机共用的社会公共大脑，且社会大脑越来越具备了自学习的能力。

多智能体协调作业是未来机器人发展的必然趋势，当多个智能体协同完成一项单个机器智能体无法完成的任务时，如何实现多信息的实时推理反映和充分交互的群体决策与应对，就需要更多地借助于智慧共享体系。此时，物理世界不再是无意识的物质堆放场所，而是智能机器与智能机器之间有序发展与共存的空间了。毫无疑问，这种看似无意识的物与物的新秩序，实质上导致了人与机器的关系发生了根本性的变化。

在非现场经济文明时代，借助于智慧共享体系，人类和智能机器之间的交互加速，智能机器具有了很强的自适应能力、学习能力和自治功能，至此，工具具有了智能体的代理表征，它们自主判断，自主决策，自主行动，逐渐从具有代理表征上升到了具有主体性。

我们每个人都是超级物联网与社会大脑神经系统中的一个节点，我们不得不面对这一切。人类必须要面对人与机器新秩序的问题，我们必须思考人如何通过社会大脑与智能机器相处，不能等到智能技术奇点到来时，自动形成智能机器秩序的那一天。如高智能无人车借助于物联网技术与社会大脑功能，便不再是一个简单的机械工具。当它即将遇到不可避免的伤亡时，无人汽车必须快速选择伤亡对象：前方人员、左方人员、右方人员还是汽车本身？这种选择不是预先设定的，而是通过导航系统及感知技术系统，感知周围的一切；人脸识别系统与身份数据库，分别区分不同的个体生物人；社交媒体系统，探知人的世界观和社会观；健康管理系统，判断人的生命特征及可能的生命时长等。最后在零点几秒内，完全脱离了生物人的直接干预，自主做出综合判断，并自主决定了某个生物人的生死。

这种自学习、自成长、自创新与自繁衍的功能（机器人制造机器人）直接给原本单一生物人主体的人类社会秩序带来了更大的失控风险。

智能机器通过社会大脑，能够自主对自身的行为进行实时调控时，它还是机械工具吗？

双脑世界不再是人脑与电脑的世界，而是人脑与智慧共享体系的高级阶段——社会大脑的世界，一个生物脑心智与社会大脑类心智并存的双脑世界。

正是因为出现了这个人机共享的社会大脑，心智不再仅仅是人类心智的向外延伸，而是各生物人心智在向外延伸的同时，又在社会大脑里与各智能体知识集成融合，产生了一种社会大脑特有的人机混合知识下的类心智现象，慢慢出现了"人类和机器将很难再分彼此，人类将不再是唯一的万物之灵"的认知。

此时，双脑世界的绝大多数智能体不再是属于哪个人或哪个组织的，而是受社会大脑控制，且基本都属于人机共生社会共有的。它们正逐步地替代人类的各种劳动，成为未来双脑世界的真正劳动者！也是真正意义上不参与分配的劳动无产阶级（这里需要说明的是：人类社会的"被剥削"是指生产者创造出来的价值被无偿剥夺了，而双脑世界的主要劳动者智能体本就是为人类创造价值的，也就不存在价值被剥夺这一说。）

笔者以为，人类不断谋求自身进步的同时，还不经意地给自己创造出了一个同伴，且很大程度上还可能是一个逐步替代人类的同伴。

那这个同伴是谁？！

也许有些人会认为它是人工制品，是机器，且永远成不了人。因为它不是生物体，而是有形器件与无形软件算法的组合产物。

也有些人认为，因为它具有了一些人类自主行为的能力，当它拥有了参与社会活动的独立主体性时，那它就是人，是一种另类的人。

我们的认知分析与结论是：它是人又不是人。

说它是人，是因为它的智能决定了它像人，我们用了习惯性的称谓，称之为高智能机器人；说它不是人，是因为它的近乎完美的、远超于人类的某些能力决定了它不是人，生物人个体的生物属性决定了生物人的不完美，

生物人个体存在一些缺点（如狡诈、耍赖、遗忘、非理性的情绪化等）。正是这些异质个脑的各种缺陷，成就了生物人异质脑在智慧共享体系中的优势，体现为了 N 个异质生物脑与共同的社会大脑的同步进化。而智能单体不

存在着不确定性异质个脑（最多也是自带确定性计算工具），整体上属于无异质个脑群体，它们只有一个与我们共享的社会大脑。而我们人类在共享一个社会大脑的同时，还各自拥有一个异质的超级的生物脑。

因此，它几乎不会犯非理性的错，没有真正"七情六欲"，那些看似情感的"情感"，也是外界或生物人通过社会大脑而强行赋予给它的，并非其自身的原生性与自生性。

所以它再智慧，它也不是人，仍然是社会大脑控制下的人工制品或高智能机器人。

我们把它们划为双脑世界人机共生社会的第三阶级。

为了方便讨论，简称为智能体群体或双脑世界的类人的第三阶级。

第二节　再问我是谁？

19世纪中叶，"上帝之死"[①] 的提出，给我们提出了一个问题：凡人如何不依靠上帝在世俗世界自我立法，重新找到社会秩序的终极根据。

生物人主体的崛起，实际上表明了上帝已经无法成为人类社会的道德标准与终极目的。以笛卡尔哲学"我思"成了"我在"为标志，人类主体占据了作为现代思想关键焦点的中心地位。

随着现代欧洲哲学的演变，米歇尔·福柯（Michel Foucault，以下简称福柯）等体悟到神学意义之死必定蕴含着起绝对作用角色的人的死亡，简单地用另一种理念代替上帝，不再可能了。

---

① 尼采在《快乐的科学》第三卷第108节中第一次明确地说出"上帝死了"。尼采指出，上帝死了，是我们谋杀了他，因为我们拒绝信仰上帝。尼采的"上帝之死"不仅反映了宗教领域内上帝信仰的失落，还特别指出了道德领域内道德价值观念的堕落和对永恒不变真理的摈弃。

于是，"人之死"① 又被提出，动摇了人类主体作为意义和价值中心的地位。

这实际上是对另一个上帝的概念化进行批判，是对人类学主体主义的讨伐，更是对笛卡尔，尤其是自康德以来 200 多年西方哲学传统的先验意识哲学和主体主义的批判。

长期以来，人类中心主义始终是占据主导地位的哲学思想。"人是万物的尺度"的思想传统，为人类的"物种优越"论提供了潜意识上的合法性与合理性，并且使得人类中心主义在未经证明的情况下，成为人类行动的准则。虽然自然科学的发展在理论上证实人类中心主义的不合理性，但人类似乎有意无意地在忽视这一结论，表现为"物种近视"。

随着智能科技的发展，人机关系也在悄然发生着变化，人们的"人是万物的尺度"认知也随之发生巨变。我们感叹科技奇妙与强大的同时，也已经可以预见到未来人机关系的大发展，人类已经不能够再"自欺欺人"下去。人机共享的社会大脑，正在逐步打破人类的中心地位，打乱围绕人类中心所形成的一系列"游戏规则"。

我们已经意识到人类将会从游戏的主导者直接变为被"游戏"的对象。

遗憾的是，长期以来，人类创造的各种规则大多数是自私自大的，人类为"物种利己主义"做辩护的同时，也会选择性地为机器智能做辩护。

这种选择性的养成，到一定的时候，我们对待其他物种的态度，便是智能机器对待我们的态度，它也逐步把人类列入其他物种的范畴。

那时，人类自己也只能"打碎牙齿和血吞"，或说是"自食其果"。我们相信没有人愿意看到这样的"末日"景象。

双脑的世界里，一直占据唯一"万物之灵"的人的概念开始模糊，至少

---

① 继尼采宣布"上帝死了"之后，福柯又宣布了"人之死"，举起了反人本主义的大旗，福柯的"人之死"是作为知识、自由、语言、历史来源和基础的主体之死，是古典理性主体权威统治的终结，也是人类学主体主义王国的覆灭。

不再是万物之灵的唯一。那么，我们还是原来的人吗？

在生物脑与社会大脑并存的双脑世界里，生物人自身的主体性面临了前所未有的挑战。原本缘于便捷与依赖而使用机器，慢慢地却使得生物人独立思考的主动性逐渐减弱。

原来我们告诉机器如何认路，现在变成机器告诉我们如何识路。

人工制品的工具已经不再是原来的工具的概念，我们人类正在自觉主动地一步一步放弃自身的主体性，慢慢地自觉地成为智能工具的工具。

双脑的世界似乎再度出现了"上帝死了""人也死了""工具却活了"的怪异局面。

目前的人机关系正处于人类奴役机器的阶段，可是未来呢？是否会转变成机器奴役人类？人机是否能够实现和平共处，我们尚不能得出完整的科学论断。

但我们目前能确定的是"唯一不变的就是变化本身"。

当我们把目光聚焦到多智能体及产品实际应用所带来的社会问题时，我们的思考就不可避免地会涉及人工智能本质及新文明时期人的概念变化，我们不得不去重新审视与定义人类自己的概念变化。

再问："我是谁？"

回顾现代哲学，我们会发现："人"作为一个哲学概念，不同的哲学家，有着不同的理解。主要有这几种不同的观点：第一，人是神的创造物。在中外早期哲学体系中，人来源于神的创造这一观点占据主流，其实是对于人创造自我的反映。第二，人是自然的人。从人的自然属性上揭示人的本质，把人看成是一种具有更高感觉能力的动物，认为人的本质就在于人自身，即人的自然本性。第三，在马克思主义的关于人的哲学概念中，人是实践自觉解放自我的主体。人的内在生命物质本体与特定大脑意识本体构成整体的人，人的自然本质是动物进化的产物，人超越自然的创造是人本身。人"是一切社会关系的总和"，人性就此分为自然属性和社会属性，社会属性成为人的本质属性。

当重新思考双脑世界里人的本质属性问题时，围绕自然属性还是社会属性讨论，我们首先遇到了两个重大基础问题：一是双脑世界"人的自然本性"仍然是建立在"万物之灵"的思维基础之上的吗？二是双脑世界的"社会关系总和"还是那个由工业革命的生产关系构成的社会关系吗？

向人脑学习，前面我们已经谈道：正是这个人机共享的社会大脑，导致了：不仅仅是我们生物人，机器也开始向人学习、向人脑学习，慢慢地呈现出"人类和机器将难分彼此，人类将不再是万物之灵"的场景。至少不再是唯一的万物之灵。

工具已经不再是原来的工具的概念，一直占据唯一"万物之灵"的人的概念开始模糊。

至此，原本人类特有的理性自由，开始受制于人工制品，一个异质的"理性自由"正在走向我们。此时，具有高感觉能力的特殊动物——人，迎来了另一个感觉能力更高的非生物体。

随着第二"万物之灵"的到来，如果人类仍然秉承"人的自然本性"主义，那么"人的本质在于人自身"的哲学思维，也必将传导到最初由人创造的机器智慧之中，伴随着机器智慧的自成长，它也将逐步建立起"本质在于自己"逻辑思维。

当两个异质的"本质在于自己"狭路相逢，对抗不可避免。

显然，这并不是我们人类所希望看到的。人类必须面对现实去反思，去展开对"人的自然本性"理论的重新审视。

再者，我们也同步审视下双脑世界的"社会关系总和"变化。经典理论告诉我们：生产关系由生产力决定，生产关系必须与生产力的一定发展阶段的状况相适应，而生产力的状况不是人们所能自由选择的；物质的社会关系是人们在社会物质生活和生产过程中发生的不以他们的意识和意志为转移的关系，主要指人们在物质资料生产过程中必然形成的生产关系，因而物质的社会关系是一种不依赖于社会意识的社会存在；思想的社会关系是通过人们的社会意识而形成的关系，是一定的物质关系及其相关的物质利益的反映，它以物质的社会关系为基础和根源，并随着物质关系的改变而改变。物质的社会关系和思想的社会关系，是历史唯物主义划分的社会关系的两种基本类别。物质的社会关系和思想的社会关系的总和构成一定的社会关系体系。无论物质的社会关系或思想的社会关系，都是具体的和历史的，在人类历史的不同阶段所具有的不同的性质和形式。

现在的问题在于双脑世界的生产力中的一个要素——生产工具（不论是物质生产的还是精神生产的）发生了质变，一些生产工具不但"活"起来了，还大踏步向人类发起了主体性的挑战。依照历史唯物主义对社会关系的划分，机器智慧将属于生产工具或生产力范畴。同样，随着第二"万物之灵"的到来，如果人类仍然秉承"社会关系体系"基本理论，那么"物质的社会关系和思想的社会关系的总和构成一定的社会关系体系"的哲学思维，也必将传导到最初由人创造的机器智慧之中。

我们也同样推论：伴随着机器智慧的自成长，它也将逐步建立起"社会关系体系"逻辑思维，在它们的"社会关系体系"里，人也仅属于生产工具或生产力范畴。

显然，这也并不是人类所希望看到的。

于是，我们可见，随着人脑的成长，人的自我在本质上是动态、渐变、逐渐完善并不断调整的，不同阶段对"自然本性"存在着不同的表达。同样，伴随着社会大脑的发育，机器智慧从诞生之日起，在社会大脑里也是一个动态、渐变、逐渐完善并不断调整的过程。

双脑世界的人的意识与机器知识均在不断地演化着，当这种意识与智能知识转化为各自行为时，引发了社会关系的结构性改变。

注意：这里的"社会"不再是同质的生物人群体，这里的社会关系也不再是生物人统领一切，而是指一个全新的异质主体的社会，一个生物人与智能机器共生的混合群体社会。

原本社会关系开始变得复杂。生产工具其中的一部分，开始具有了双面性，它既是生产工具，又上升到了社会关系的主体地位，引发了生产力关系、社会关系的革命性变革。

"社会关系体系"结构的变化，也将同步体现在人的本质与智能机器的本质表述上。

社会在发展，人类在进步。

不同阶段人与自然及社会关系的变化，形成了不同阶段的自我哲学理解。现在，让我们先抛开关于人的来源和社会关系进化问题的讨论，仅仅就双脑世界里的人的本质属性问题展开新的哲学思考。

让我们回到人的本质是什么来讨论。

我们以为双脑世界里人的基本概念应该是："人不是上帝，人又是上帝。"在这里讨论的"上帝"不是宗教意义上的概念，而是哲学层面泛指超越自然、超越人类的某种力量。

"人不是上帝。"大自然（或上帝或某种超越自然的力量）创造了人，创造了人脑，从而逐步完善了人的自我世界。"人不是上帝"是相对于大自然（或上帝或某种超越自然的力量）而言。所以，即使"上帝死"后，人也不能替代上帝而为所欲为。

这是一个主宰与主导关系的问题，当具有积极意义的人发挥能动性主导作用，无法演化为代替上帝而主宰一切，那么人也将跟随上帝之死而亡。从这个意义上讲，上帝不死，上帝永存。

"人又是上帝"，是相对于机器智能或机器知识而言的。上帝创造了人，人创造了社会大脑，并通过完善社会大脑而逐步完善了智能世界。生物人与智能机器最不一样的地方在于：人的社会属性一部分体现在共用社会大脑的过程中，同时也体现在人本身的社会生活中。

"人又是上帝"，表明正是这个神奇的生物大脑创造了社会大脑，创造了机器智能，催生了机器知识与类心智，并通过人物脑特有的主动干预能力，不断持续地根据社会大脑涌现的特定条件而自我修正，从而使得社会大脑始终指向了人、机、自然和谐的"以善为本"的方向。

人类将以人脑特有的主观能动性，不断地主动干预与修正社会大脑涌现的特定条件，以确保社会大脑类心智的健康发育和人脑在智慧共享体系中始终处于主导地位。

从这个意义上讲，人不是宇宙与自然的上帝，但一定是智能机器的上帝，必须承担起上帝至善的职责。

智能科技已经开始冲击现代世界大局"人"的概念，双脑世界的人们需要适应性地自我修正：既要以上帝子民的角度对自然世界充满敬畏，也要以上帝的角色审视自己在人机共生社会的核心主导地位，自觉承担起新文明的责任。

由于双脑的世界是一个物质高度丰富、极少直接劳动（绝大多数劳动由智能机器完成）的新时代，于是，双脑世界的生物人群体由此开始分化，向两个不同方向各自进化。

绝大多数原本的上帝之民，将心甘情愿地成为高智能体的工具人。他们生活舒适，但最终沦为智能体的奴隶，回归到"活着的"纯粹生物体本质，基本放弃"之所以为人"的原则。

这里我们不认可尤瓦尔·赫拉利（Yuval Harari）在《未来简史》中提出的无用阶级的概念，这一概念基本属于从传统的就业层面的思考，并非从人类发展的哲学角度得出的结论。

一部分生物人被社会大脑绑架，这一部分生物人，仍以自然本性与利益为基础，成为双脑世界的社会人群体。

双脑世界的这批社会人没有沦落为无用之人，相对智能体群体而言，他们整体演化为剥削者、享乐者和应用者，不仅提供了消费市场，也承担着人类生生不息繁衍的责任。

我们把这一部分生物人划归双脑世界人机共生社会的第二阶级，称其为双脑世界的社会人。为了方便讨论，简称为社会人群体或双脑世界的第二阶级。

此外，还有极少的一部分人（相当于苦行僧），从生物人群体中分化出来，在双脑世界里仍然不断思考着新历史环境下的"之所以为人"的本质原因，最终成为拥有上帝视野和上帝责任之人。（注意：再次提示，这里的"上帝"不是宗教意义上概念，仅用来比喻超越普通人的社会大脑掌控责任；这里说的"统治"也不是指统治自然万物，而仅仅是指社会大脑意义上的对人机共生社会秩序的统治）。

这是一批伴随着双脑世界发展而进化的新哲人群体（注意：这里的哲人不是人文社科学科意义上的概念，而是包括思想家、科学家、工程技术人员、艺术家等的融合群体），是自身得以再度持续进化发展并掌控着社会大脑向善演化的真正新人类！

我们称其为双脑世界的主导者，双脑世界人机共生社会的新哲人。

为了方便讨论，简称为新哲人群体或双脑世界的第一阶级。

只有他们继续向着"之所以为人"的方向进化发展，才能最终成为承担上帝责任的新人类。

他们始终通过调控社会大脑而统治着双脑的世界，既掌管着机器劳动无产阶级（双脑世界的第三阶级），也掌控着双脑世界的社会人阶级（注意：第二阶级社会人内部的统治阶层仍然属于社会人剥削阶级，属于统治社会人的统治者，不属于整个人机共生世界的终极统治者）。

至此，有人会问：那些超级科技公司去哪儿了？

在生物人个体崛起的时代，生物人的分化必将导致生物人组织的分化，如今的超级科技企业也不例外。利益导向型的企业将加入第二阶级战队，继续进一步开展社会人群体内部的利益之争，只是组织形式可能演变成不见面的团队形式，更为重要的是这种争斗被圈在了第二阶级内部。只有少数责任导向的生物人和科技企业，则建立起了人机共生社会"上帝"的责任观，完全放弃了传统的利益观和组织形式，成为第一阶级的主力军！

我们把智能体群体划分为一个特定的阶级，彰显了智能体的主体性，突破了生物人社会的阶级划分边界。

从此，"阶级"这个词不再是生物人社会的专属用词，而是成了人机共生社会的通用词汇。

也许，当"人"的概念发生重大变迁并出现自觉的阶层划分时，也就出现了对这种社会秩序变革及变革机理的预设、研判、重构和治理的责任的研究与探索的可能。

人类社会从此可以以坦然从容的姿态，去迎接高度智慧的人机共享新文明时代的到来。

第三节　共同体的演化

对"共同体"的定义，至今还没有统一的界定。"community"这一概念自14世纪产生开始，其政治、经济、社会意义逐渐拓展，其定义也出现了多次转型。

14—18世纪，"community"的主要含义是：①平民百姓；②较小型的政府或有组织的社会；③一个地区的人民；④拥有共同事物的特质：共同利益、共同财产等；⑤相同身份与特点的感觉。19 世纪末，德国城市化和工业化进程加速，1887 年，德国社会学家斐迪南·滕尼斯（Ferdinand Tönnies，以下简称滕尼斯）出版了《共同体与社会》（*Gemeinschaft und Gesellschaft*，英译为 *Community and Society*）一书，滕尼斯意识到有别于传统的新的生活方式正在形成，于是提出了"Gemeinschaft"（共同体）和"Gesellschaft"（社会）这两个概念。

滕尼斯的研究可以看作是最早将共同体从社会概念中分离出来并作为社会学的基本概念进行研究的理论。滕尼斯用"Gemeinschaft"来描述建立在血缘、自然情感、伦理团结基础上的亲密无间的、排他的社会联系或共同生活方式。成员之间有着共同的价值观，存在着"我们的"意识，故所有的共同体都是由人类最天然的 3 种关系——母亲与孩子、妻子与丈夫、兄弟姐妹演化而来，进而产生了 3 种基本的共同体类型：血缘共同体、地缘共同体和精神共同体。其中精神共同体是"人的和最高的共同体"，滕尼斯将共同体的规模和范围框定在家庭生活、乡村生活和以宗教为特色的城市中。

1893 年爱米尔·涂尔干（Émile Durkheim，以下简称涂尔干）在《社会分工论》中使用"机械团结"来表述他的共同体思想。涂尔干认为，"机械团结"代表集体类型，是"个人不带任何中介地直接系属于社会"，而与之相对的"有机团结"则代表了个人人格，即"个人之所以依赖于社会，是因为它依赖于构成社会的各个部分"。[1] 涂尔干认为："在第一种意识里，我们与我们的群体完全是共同的，因此我们根本没有自己，而只是社会在我们之中生存和活动；相反，第二种意识却把我们的人格和特征表现出来，使我们变成了个人。"[2]

---

[1] 李慧凤，蔡旭昶．"共同体"概念的演变、应用与公民社会 [J]．学术月刊，2010（6）：19-25.
[2] Graham Day. *Community and Everyday Life*[M]. London: Routledge, 2006.

马克斯·韦伯①（Max Weber，以下简称韦伯）运用"共同体"时对其具体适用范围做了限定，比如家族共同体、邻里共同体、人种共同体等。家族共同体是在严格的尊卑关系基础上产生的，公共产品分配采用公有制，成员之间关系亲密，牢不可破，在对外关系上表现为休戚与共。韦伯认为邻里共同体不同于农村邻里，城市邻里属于共同体的范畴，因为其结合不是因为地理位置上的接近，而是主观上产生了共同的特征。

由此可见，随着"共同体"的政治、社会、经济意义的逐渐拓展，以地域性为原初特征的"地域性"共同体逐渐被"地方性"概念所取代，"关系性"共同体也逐渐被描绘成"城市生活方式"。

美国芝加哥学派的罗伯特·帕克（Robert Park，以下简称帕克）定义的"社区"被认为是"community"的经典概念，即"被接受的社区本质特征包括：一是按区域组织起来的人口；二是这些人口不同程度地完全扎根于他们赖以生息的土地；三是社区中的每个人都生活在相互依赖的关系中"②。帕克将共同体理解为城市社区，认为城市"决不仅仅是许多单个人的集合体，也不是各种社会设施——诸如街道、建筑物、电灯、电车、电话等——的聚合体；城市也不只是各种服务部门和管理机构，如法庭、医院、学校、警察和各种民政机构人员等的简单聚集。城市，它是一种心理状态，是各种礼俗和传统构成的整体，是这些礼俗中所包含，并且随传统而流传的那些统一思想和感情所构成的整体。城市已同其居民们的各种重要活动密切地联系在一起，它是自然的产物，而尤其是人类属性的产物"③。帕克的研究开启了芝加哥学派关于社区邻里关系的研究。社区居民的归属感、成员的共同情感及城市居民心理状态开始成为社区研究的重要内容。

① 马克斯·韦伯（Max Weber，1864—1920年），德国著名社会学家、政治学家、经济学家、哲学家，是现代一位最具生命力和影响力的思想家。
② R. E. Park. Human Ecology[J]. *American Journal of Sociology*, 1936, 24: 15-39.
③ R. E. 帕克，E. N. 伯吉斯，R. D. 麦肯齐. 城市社会学[M]. 宋俊岭，吴建华，王登斌，译. 北京：华夏出版社，1987.

　　随着 ICT 技术的发展，特别高新技术的集成发展，共同体的研究逐渐突破地域的限制，从互动关系角度开始对社区进行研究，社会网络理论逐渐兴起，并出现了网络社区（cyber community）、虚拟社区（virtual community）、想象的社区（imagined community）等新型社区，社区也因此被赋予了更多新的内涵。英国学者齐格蒙特·鲍曼（Zygmunt Bauman）指出，共同体是一个温暖而舒适的场所，一个温馨的"家"。在这个家中，我们彼此信任、互相依赖。此时的"community"已不再局限于滕尼斯、涂尔干、韦伯等人所描述的共同体，而是突破地域、时间的限制，融入了社会网络、网络权利组织等多种新要素的功能性共同体。安东尼·吉登斯在其《现代性的后果》和《第三条道路》中强调一种"脱域共同体"的概念，即"社会关系从彼此互动的地域关联中，从通过对不确定的时间的无限穿越而被重构的关联中脱离出来"[①]。

　　查阅了相关资料，我们可以大体知道，传统的西方共同体范式特征，第一是情感性，西方的共同体范式的基础是共同体作为一个情感联合体而存在，价值的共享，情感的共通，是共同体维持的基本特征。第二是独立性，共同体独立于社会和个人之外，与一般的经济和商业组织完全不同。第三是建构性，除了地缘和血缘因素，精神价值的共同是共同体的最高追求，价值层面的建构与重构是共同体不断建构与解构的必要条件。

　　而东方哲学的共同体范式通常具备以下特征：第一是原发性，东方的共同体是自然而然成长起来的村落共同体。第二是综合性，东方的共同体兼具权利组织、经济单位和生活场域等多种功能，它可以是市场交换圈或婚姻，也可能是交往圈和关系圈，很难从某一单一的功能出发去认定东方共同体。第三是伦理性，东方的共同体更多的是在熟人社会发展起来的，成员之间关系的伦理特征非常明显。

---

① 安东尼·吉登斯. 现代性的后果 [M]. 田禾，译. 南京：译林出版社，2000.

我们从传统共同体理论的基本要素阐述中可以看到：不论东西方，传统共同体范式基本均秉承着城市与乡村、传统与现代、国家与社会等"二元式"的分析框架。共同体被放在个体与共同体，或者共同体和社会这些"二元式"的分析框之下进行讨论。

如今，人机共用的社会大脑及随时可调用的智能机器的出现，不可避免地转变了人与物的关系。随着智能科技的进步及"非现场"经济的发展，以人工智能为代表的智能科技，包括且不限于移动互联网、物联网、大数据、云计算和生物科技等的集成，打造出来的是一个人机混合双主体的社会新形态，我们迎来了人机交互的双脑世界。

我们不再处于简单的制造机器，并直接控制、利用机器的时代了，而是进入了 N 个生物脑共同链接着一个超级共用的社会大脑的时代，人与人之间的关系不再是简单的社会人之间的关系。

社会大脑预埋了社会形态发展变化的各种数字化要素，社会大脑类心智开始确切地表达其新的含义，智能世界的社会人关系也就不仅仅只映射出个体生物差异的人与人之间关系，而且映射出了受社会大脑控制的全新人与物、人与非人之间的关系。

换句话说：由于各种智能体通过社会大脑，以社会主体资格，参与到社会活动的方方面面，人机共生共同体的共同基本要素发生了根本性的变化。地域和血缘已不再成为共同体形成的主要纽带，社区已不再是传统意义上的共同体，也不再是共同体的代名词。共同目标、身份认同、归属感等，不再是单纯生物人组成共同体的要素构成。

依照传统的共同体理论，共同目标是共同体生成的前提，共同目标是形成这个协作系统的必要条件，而非充分条件。身份认同是共同体生成的基础，"认同所要解决的是自我（群体）同一性、自我（群体）归属感和自我（群体）意义感问题"[①]。归属感则是共同体维系的纽带，是个体对群体的认同、满意和依恋程度的情感体验。对于当代共同体而言，血缘、地缘这些"共同理解"的基础已经不复存在，利益共同体成员之间的共同体特征已经从利益诉求弥散到了种族、观念、地位、遭遇、任务、身份、语言、文化、共同情感纽带等方方面面。

回顾以往的共同体理论，我们基本可以看到传统的共同体理论多数属于社会局部的研究方式。同时我们也可以看到：在生物人共同体里，社会责任远远抵不上利益要素。

这是一个"个体"崛起的时代（这里的个体包括类人个体），一个"非现场团队"替代"企业组织"的时代。智慧共享体系推动的"非现场"经济，为共同体发展提供了新的语境，人机双主体社会里，地域和血缘已不再成为共同体形成的主要纽带，社区也已不再是传统意义上共同体的代名词。

双脑世界的来临，当生物人集体面临非人挑战时，也许新共同体构建情形也就大不同了。于是，双脑世界共同体研究范式建立在了"不再由单一的生物人"构成的认知之上，人机共同体也就不再是简单生物人根据利益、地域或情感、价值、兴趣、宗教、文化等不同而发展起来的功能性共同体，而是建立在了人机"共同责任"这个原本看似不太"靠谱"的条件上。

我们的人机共同体范式应该发展传统的人的共同体理论，又必须突破简单的"二元式"分析框架。我们需要从社会大脑的功能来重新审视人机共同体，否则我们很难真实反映人机共生共同体发展的实际状况与其持续发展的复杂性。

我们需要从智能世界整体的关照出发，多角度来重新评估人机共生社会。

首先，双脑世界的共同体参与主体发生了变化。

这里的共同体构建问题，不再只涉及生物人个体或生物人组织，还涉及

[①] 韩震. 当代和谐社会建构中的文化认同问题论纲 [J]. 山东社会科学，2008（11）：5-8.

智能化的非人主体的介入。这个非人（智能体）也"系属"和"依赖"^①于一个全新社会共同体之中。由此，我们的生物人共同体与多智能协同系统，通过社会大脑，构建出了一个双脑世界的全新共同体——人机共生共同体。

其次，这个新共同体是多层次的。

双脑世界里，人机共同体里既有个体与集体，也有政府与社会，更有生物人主体与智能体主体。所不同的是这些二元框架是分层级的，分别存在于不同的相对隔离的不同共同体内。

生物人与智能机器最不一样的是：在共用社会大脑的同时，我们还拥有一些天赋功能，一个高度发达的个体生物大脑。正因为我们生物人拥有了生物大脑，拥有社会属性，生物人个体逐步组成了同质的共同体——生物人共同体。

这种生物人共同体构成了双脑世界的第二阶级的主体部分（社会人）。

与此同时，借助于社会大脑类心智功能，一些人工制品开始出现了自主决策与自主行动的能力，这些智能体通过与社会大脑的链接，形成多智能协同系统或智能机器协作系统。随着自主参与社会活动的深入，智能体开始拥有一定的社会活动的主体资格，也慢慢构建起了在线式的另类同质智能机器共同体。

这种智能体共同体构成了双脑世界的第三阶级的主体部分（类人）。

最后，分层级的各共同体又整体存在于人机共生共同体这个一元主体内。

双脑世界实质仍然是生物脑（新哲人）在调控着各种不断进步的电脑与智能体的集成脑——社会大脑。

于是，随着社会大脑心智的不断强大，智能世界社会结构也逐步演化为：智能体群体构成了相对独立的智能体类人社会（第三阶级）；生物人共同

---

① 埃米尔·涂尔干.社会分工论 [M].渠敬东，译.北京：生活·读书·新知三联书店，2017.

体继续延续了社会人的社会（第二阶级）；随着人机"共同责任"相比于"阶层利益"的增强，生物人社会人社会又分化出新哲人社会（第一阶级）。此时，双脑世界不再是单一的传统意义上的社会人社会，社会人仅作为一个局部共同体，与智能体共同体、新哲人共同体组成了一个更大的一元共同体：人机共生共同体（三个阶级社会集成的新共同体）。

其研究范式也最终归集到社会大脑基础上的类心智这个一元上。

突破时间轴的限制，从未来反观现在，我们可以窥见当下文明发展的趋势：以非现场活动为主要表现形式的时代，突破了时间轴的限制，加速了人机共生的一元社会结构演变。

人机混合、人机共生是多样性、多层级的，这里既有人机协同，也有人机结合，更有人机相互学习，人类社会发展从此逐步进入一个人机共生的全新共同体阶段。

第六章
有人性的非人秩序

当智能体不再是传统意义上人工制品的物的概念，也不再是科幻的、思辨的和臆想的产物，而是一个被赋予人格化自主智慧的人工制品时，我们就迎来一个不再完全单靠技术主义解决问题的时代。

人机共同体秩序构建，最终反映在了生物人集体与智能体集体交互的社会大脑类心智之上。

也许，这将是人类为自己开出的一剂全新的人机共生秩序的"救心丸"[①]。

在破除了"地域集团利益"与"人类中心主义"主张的哲学思维基础上，人们的自我认知与自我约束转向了个体与个体、个体与他人、个体与人工智能体的全新交互认知，逐步形成了全新的人机共生伦理，进而达成共同体认知一致的规范制度及全新的价值体系。

原本的社会关系基础理论与规范秩序理论等，都将面临突破，一些支配我们几百年，甚至上千年的见解也将被颠覆。

第一节　共生的科技伦理

科技伦理并不是一门古老的学科，而是在人类社会发展新历史背景下产生的。

科技伦理不单指科技成果本身存在的伦理问题，而更多地指从科学研究

---

① 郭喨. 物种民主：对人类中心主义环境哲学方案的超越 [J]. 科学技术哲学研究，2015，32（3）：67-72.

到技术探索，再到实际应用的整个过程的整体性伦理。

纵观人类文明发展，个人自主性的发展往往引起了伦理的自主化与私有化，因此伦理也相应地被世俗化和个体化，与之相伴随的是整体责任和互助的弱化，最为典型的就是出现了个体伦理与城邦伦理。

科技伦理一开始也是建立在科技工作者的个人自主性发展基础上的，其发展也同样遇到了整体责任和互助的弱化现象。科技伦理同样不仅仅只涉及科技工作群体的专业与偏好，更涉及社会发展需求动力和可持续发展问题。

何况科学技术作为一种直接的生产力，人们不会只用其来追求无利可图的纯粹的基础知识的提升，而是将其加以应用来服务于有关企业的利益，甚至是服务于某些政治上的需求与决策。

传统科技伦理的核心问题就在于：探寻科学家在其研究的过程中，以及工程师在其工程营建的过程中，在何种程度上涉及以责任概念为表征的伦理问题。在科学家与工程师们的社会责任里，也开始不断地增加涉及人类生存和人类尊严的重大伦理道德内容，人们开始一起去思考科技引发的传统伦理观念的沉浮与变迁，科学哲学的科技伦理学由此诞生。

这种以责任为表征的科技伦理思维，往往转化为科学家、工程师基于其职业要求应有的追求真理的义务：既不可专执于传统的偏见与权威性的信念，亦不能受制于个人或团体兴趣的影响，而是应以求得客观的正确性为己任，必须严格遵循已知职业上的道德规则。

然而，科学研究源于人们对当代科技发展之特点本身的认识，特别是当我们面对智能科技的发展时，我们必须看到近代以来的科学，不但含有纯思辨的理论知识，而且也包含着有目的性的实际的行为，更有知识集成与涌现的现象。这种以职业为基础的道德伦理，并不是科技工作者所独有的，是任何一个行业、任何一个领域的人们都应具备的。仅以职业道德作为科技伦理的内容，则无法反映科技伦理这一概念本身的特色。

众所周知，由于伦理有个体源泉问题，一般来讲伦理的源泉也是自然的、客观的，伦理的产生除了自然的环境变迁因素外，也有社会源泉问题。

进入智慧共享的时代，如果我们还是仅仅把科学理解为纯粹理论知识的探讨或将技术仅仅理解成职业化的知识实现，那么就很难令人信服。

科学技术对社会带来巨大利益及对社会产生的重大影响，往往不再是由单个科学家、工程师或某个特定群体产生的（单体无法直接大作用地影响整个社会大脑的健康与否），而是众多科学家工程师通过在线式社会大脑，在全球大众参与下，与亿万计的人工制品的多智能体共同参与完成的，这就彻底改变了伦理的社会源泉环境。

双脑世界的"科技伦理"也就不能只停留在对特殊人群的职业伦理的讨论上，而应转向对不在场的人机共生秩序治理的思考，这是一个对线上线下人机融合的共生伦理的探讨。

双脑世界的社会不再是单指由生物人构成的社会，而是指人机共生的无疆界社会形态。这不仅改变了自然科学的结构（这里主要指知识产生与知识系统的改变），也使认知理论探索与社会活动紧紧地联系在一起，改变了科学研究及实际应用之间的价值关联关系，自然科学与社会科学联动的紧密程度也前所未有。

智能科技引发的伦理演化，最为突出的是伦理这个社会源泉发生了根本性的变化。此时，很多人可能会认为这还不就是一个网络伦理问题吗？

我们的答案是否定的。这不是一个简单的网络伦理讨论。

关于网络伦理的研究，目前主要的工作表现在：不断揭示信息网络中出现的各种社会问题并赋予伦理意义来加以讨论。网络伦理的建立试图让网民的入网行为有个较正确的方法，进而确定网络行为规则。由于计算机和远程通信技术的进步，各种新问题也随之不断产生，其中包括了一些负面的甚至是破坏性的问题。在一些发达国家，较早成立了专门的研究机构为网络用户制定了一系列相应的规则。这些规则涉及网络行为的各个方面，如电子信件使用的语言格式、通信网络协议、匿名邮件传输协议等，这些协议有的制定得相当具体，甚至对字母的大小写、信息长短、主题、电子邮件签名等细节都有详尽的规定。其中较著名的有美国计算机伦理协会所制定的"计算机伦理十诫"，规定了计算机行业从业者不应该在职业中出现的行为。从一定程度上来讲，展开网络伦理的相关讨论，使一些原本被认为无关道德的网络行为问题逐步转化为道德问题，也使人们开始注重网络技术本身的伦理性。

现代科技本身也自觉地加入了相应的道德关怀，在网络技术为社会和人类做出贡献的同时，也在尊重知识产权、尊重他人的隐私权、唤起行为主体道德感、树立合理价值观、形成网络秩序等方面，发挥积极作用。超越技术层面，我们在道德价值观念层面上考察和研究网络现象、网络行为，建立相应的网络伦理规范，以避免和制约网络技术被盗用和被恶意渗透。

眼下的网络伦理讨论多数是建立在对人们的网络行为的探讨上的，还仅仅停留在人类应该如何利用好网络这个信息交互工具的认知层面。从注重纯粹技术、追求应用价值问题转向对与现实紧密相连的具体问题的思考，表明了人类对自己命运的关注，并能主动将滞后的法律提前纳入伦理范畴加以思考。这个过程中体现了某种新历史环境下的"道德进化"，从这个意义上看，网络伦理的发展顺应了历史发展的需求，可谓是人类发展进程中的进步。

在双脑的世界里，仅仅是这样的研究是远远不够的，无法全面认知高速发展的智能科技所引发的社会变革全貌。我们以为：时代的发展要求我们不能停留在网络伦理层面仅对网络行为的伦理进行讨论，而是应当探讨建立在智慧共享基础上的社会大脑健康生态机理问题。

按照这个思路往前看，这个集体向善的人机共生秩序建构讨论，也就不可能只是停留在双脑世界个体伦理层面，而是应当从"向自身内部寻求规范"的个体伦理趋向转化为类心智健康的人机集体规范上。

通过前面章节的讨论，我们已经可以清晰地认识到：借助于智慧共享体系，人们构建起了一个以非现场为主特征的全球化新人机共同体。这个新共同体的伦理也将在不再缺乏公民伦理基础的情况下逐步重建，从某种意义上讲，这不再是职业伦理、国家伦理或种族伦理，也不是传统的科技伦理。

首先，智慧共享时代的科学实验与技术研发已经借助于社会大脑的特殊功效，而超越了各自原本的界限，科学探索与技术研发不经意地已经在将无疆界社会及所有生物人的生活场景作为实验环境，局部生物人的实验风险也将瞬间变成社会的整体风险。科技伦理也从生物人为单一主体的种性伦理发展成人机混合的新共同体伦理。一方面，新的知识产生借助于社会大脑，新理论应用与实验的有效性得以快速产生；另一方面，又发生了科学与社会之间的集成与特殊涌现现象。这一新情况对科学家的责任意识又提出了更高的要求，即科学家不仅要清楚自己行为的直接后果，而且还要顾及与自己的行为有着某种关联的集成结果，这种关联集成及其涌现，后果可能存在着不可预见的却又被成倍放大的不确定性实际结果。

也就是说，人类的不断进步，科学家、哲学家、社会学家和大众均已意识到：科学研究、技术探索不仅仅与客观的真理与法则相关，而且还与具有目的性行动所带来的实际效果相关。今天的科学家对其所从事的科研引发的社会后果，不一定能完全把握。于是，不论出自何种研究目的，由于研究方式与研究场景的共享式变化，绝大多数的科技活动在很大程度上都不再可能只是坚守一种价值中立的立场，在服从科学研究技术研发的基本法则的同时，更应服从人机混合生态环境中生物人精英的新法则。

首先，今天的科学，不论是研究方式与社会应用都与智慧共享体系有着如此密切的联系，科学研究活动的学术价值与社会应用价值在其初始的产生环节就联结在了一起，直至实际的应用与不断进化的整个过程。这就要求科学家、工程师等科技工作者在设计与实施科研行为之时，不能漠视人机共生机理和社会大脑的存在。

其次，科学家、工程师等科技工作者不仅不能忘记自己的专业的内在责任，也必须认识到这是同其他生物人一样必须面对的伦理责任与伦理义务，对于有责任意识的科学家来讲，当遇到可确认的学术价值与社会价值相互冲突之时，特别是在集成效果的责任穿透不确定性增加时，学术价值就必须让位于社会价值，学术责任应让位于人机共生这个特殊的共生社会责任。

双脑的世界在特殊的社会大脑干预下，存在着科研成果的发现方式、途径与科研活动过程的变化，也可能存在着对人机共生社会生态及生物人群的某种危害，而这种可能的危害一旦出现，其破坏性将被智慧共享体系成倍地放大。

我们面对的不仅仅是与传统人文精神的背离的观念冲突，也可能是与传统的道德观念及现行的法律规范发生的严重冲突。大量的"非人"行动主体，开始与人类展开不同的赋权竞争，人类赖以生存的客观环境与精神价值均面临严峻的挑战。

最后，不论是谁，我们都应充分认识到：两个不一样的知识系统的实际存在，人机混合的特殊性在于两个伦理源泉（个体源泉与社会源泉）都发生了根本性的变化，由此引发的不确定性也集中反映在社会大脑这个新生态环境里。

原本的单纯生物人构成的社会伦理与规范，也不得不接纳异质的不同主体出现的事实。

我们已经来到了一个由工业化过渡到智能化，却又快速向人机共生过渡的人机共生社会，需要我们开展一次新伦理全新认知话题的讨论，需要尽快构建起一个双脑结构下的物理世界、生物世界、精神世界整体大集成伦理观，更需要探寻并抓住社会大脑类心智的健康发育之关键。

第二节　人与非人

新的文明已经到来，原本单纯生物人构成的社会形态，开始遇到了智能机器主体的介入。不论我们自觉不自觉、愿意不愿意，都将迎来这双脑的世界。

这个时代不再是通过工业革命制造机器工具的时代，也不再是简单的由生物人直接控制并利用机器的时代。

有意思的是，这两个异质的共同体，在各自发展的同时，原本的同质社会形态（同质的生物人或同质的智能机器共同体）出现了异质的协同，这种双共同体之间的集成与融合发展，逐步演化出了一个异质的全新共同体——人机共生社会。

在这个新世界里，科学技术的发展，呈现出人机混合社会的新面貌与新文明，给我们带来了对未来生活演化充分遐想的空间。

我们不能再固守单一的生物人群体的哲学思维，我们需要突破意识形态的束缚，尝试着为今时今日所遇到的各种焦虑与困境找到合理的解释，努力将人工智能的正面力量发挥到最大值，又将其负面的危害性控制在合理的范围内。

哲学要发展，传统的固守单一主体社会所形成的哲学思维，其结果也许将导致人类自己再度迷失方向，茫然中也可能使人类成为自己的掘墓人。

我们开展人机共生伦理的探讨，期望通过揭示和分析未来的人与人、人与物、物与物秩序重构的核心影响因子，找出治理控制的着力点。

科学技术通过对社会带来巨大利益并对社会的方方面面产生的影响，来表达其不局限于科学本身的存在价值，深刻影响科学技术与社会关系的改变，带来对包括社会结构及社会秩序在内的整个社会关系发展的新问题的探讨。这就对科学家、工程师等科技工作者提出了更高层次的要求，要求他们不仅不能忘记自己专业的内在责任，还必须认知到这个特殊环境，在同其他生物人一样面对社会责任与社会义务的变化时，要更自觉地考虑人机混合主体秩序的全新生态。

面对这样的社会发展需求，多数科技工作者提出直接由智能体设计者在设计智能体或编程时，将设计者各自的道德责任直接带入人工智能体内，业界把它称为机器伦理（machine ethics），人们意图使得每一个人工智能体在诞生时，均被控制在人类制定的规范框架内。

可是，经过前面我们对社会大脑形成机理的分析，我们很容易发现：由于社会大脑的涌现不确定性的放大作用，智能工程的目标与结果，特别是混合调用的最终结果，往往远远地超出了原设计者的预估，具有多高度不可见性特征。

此时，我们通过多智能体介入新分布式认知环境的现象分析又可以进一步发现：每一个人工智能体是很难植入道德伦理秩序等相关要素的。即使有写入的可能，那也是直接或间接地属于某个工程师伦理（个体的或集体的）范畴。同时，我们可以看出，单智能体的机器伦理或多智能体的机器伦理集合实质讨论的是相当于智慧共享体的神经元或神经元结合体的健康问题，无法直接决定整个社会大脑这个人机共同体的秩序。也就是同质神经元（联网的单智能体）具有一定的伦理属性，不等于会自动合成一种社会大脑的伦理或秩序。

所以，我们只能跳出纯粹的人工智能从业者守则与异质神经元（或一个单纯的算法）的健康层面，而直接进入社会大脑体系化的伦理探索中。

我们把这一问题的研究放在了智慧共享体系（特别是其高级阶段——社会大脑）的层面，只有当智能机器链接上社会大脑，并且依靠系统协作开展自主学习、自主决策、自主行动时，其智能格才真正升华为了人格化的物，即非联网的单智能体不具有新社会形态的主体资格，只有链上社会大脑并协同任务时的单智能体才具有主体性资格。换句话说，只有社会大脑的伦理或秩序才决定了智能体可能存在的某些伦理属性。

这不再是对单脑结构的纯生物人社会共同体的研究，不再是对异质生物脑的直接控制问题的研究，也不再是单纯地对机器伦理的探讨，而是上升到了人机共同体的责任逻辑及共同体规范形成的路径研究方面，是异质双脑结构与同质社会大脑融合发展的研究。

作为研究对象的社会大脑也将成为人机大战之地，成为人类文明发展进程中的一个新战场。

至此，引发了我们一个新的思考：在人机共用的社会大脑（智慧共享体系）中，是否缺乏社会大脑的自身结构、功能变化与伦理承载的物理基础（类似生物脑的特殊物质基础）？

有意思的是，科学家在开展生物人脑的研究中发现：生物人脑每次学到一种新的事实或技能，人的大脑就会改变，这被称为神经可塑性[1]。人脑实际上是通过脑细胞（神经元）之间传递化学信号来运作的。为了支持学习，大脑会增加神经元之间这些化学信号的数量与浓度，从而提升短期记忆或短期运动技能表现。在短期内大脑的神经元之间的化学信号，由于某种原因，并没有引起结构上的变化。在不断的学习过程中，当你持续使用大脑区域时，它变得越来越易激动和容易被再次使用。这些变化与长期记忆及运动技能的长期提高相关。正是这些物理变化，支持了长期记忆及短期记忆的化学变化。当你的大脑有这些区域来增加它们的兴奋度时，大脑就会改变它们被激活的时间与方式，以支持长期记忆所必需的化学信号的数量与浓度。因此，神经可塑性受到化学物质、结构和功能变化的支持。这些变化正在整个大脑中发生，它们可以是孤立地发生，但大多数情况下，它们是协同进行的。它

---

① 诺曼·道伊奇.唤醒大脑：神经可塑性如何帮助大脑自我疗愈 [M]. 北京：机械工业出版社，2016.

们一起支持学习，促进了大脑改变神经元之间的联系，进而改变它的结构。所以生物人的大脑是极具可塑性的，它在结构上和功能上会被我们所做的一切所塑造，也同时会被我们没有做的每一件事塑造。

有趣的问题来了：社会大脑是否具有同样的化学物质或类似的非异质的神经可塑性？

通过长期对智慧共享体系高级阶段（社会大脑）的观察与研究，我们发现，在智慧共享体系里的多智能体系统集成体中，存在着一类特殊的智能体。这一类小型化的具链接功能的特殊智能体，它们分布在多智能体系统之中，游走在智慧共享体系的每个角落。

它们与普通的智能体（或主智能体）不一样，它们具有小软件、链接体等特征，承担着多智能体链接与协同功能，同时它们也构建起了生物人与主智能体之间的关系（见图6-1）。

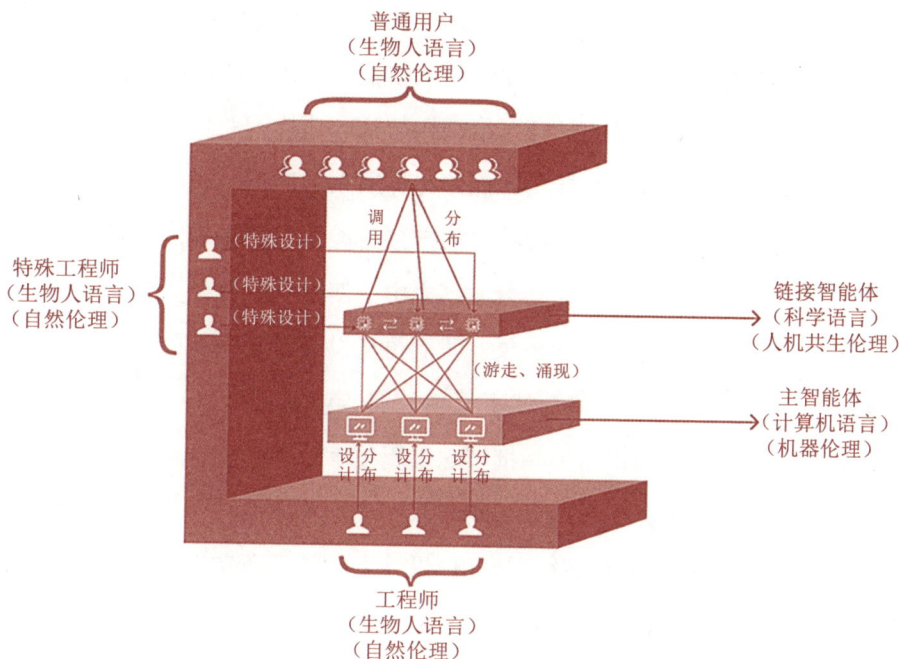

图6-1　人机共生社区生态模型

从图 6-1 中我们可以看到：首先，工程技术人员使用计算机语言，设计诞生了众多的主智能体，然后把这些主智能体分布到智慧共享体系里。从功能性看，这些主智能体成为智慧共享体系活性细胞群的诞生基础，没有这些超级多数量的多智能体介入，智慧共享体系就无法实现复杂的系统功能；从伦理研究的角度看，这一层次属于工程师伦理的直接带入，表现为机器伦理行为。其次，另一批特殊工程技术人员，再次设计了一类特殊的短小链接智能体，而这些链接智能体同样被分布到智慧共享体系里，却承担起了链接和调用各种主智能体的功能。与此同时，一些生物人又通过这些短小的链接智能体，将自身知识与任务分布到智慧共享体系里，并通过它们开展调用普通主智能体的行动。

从图 6-1 中我们可以看到：来自异质的生物人脑对主智能体的加工，再通过一些特殊的链接智能体汇集到社会大脑之中。如果社会大脑存在着神经可塑性，那么这种神经可塑性不存在直接的化学物质刺激，社会大脑里不存在直接的化学物质作用，这里的化学物质被特殊链接智能体的计算机电信号完全替代。也就是说这里的神经网络结构与脑区功能的变化，不再受直接的化学物质支持，而仅直接由异质智能体与异质人脑通过链接智能体的电信号开展交互。这些电信号则完全由特殊的链接智能体进行特殊加工处理，从而替代了化学物质，并将其带入社会大脑之中，使得整个社会大脑同样产生了某些类似生物人脑的神经可塑现象。我们再从设计哲学研究的角度看，在这一新层次，智能工程设计理念就不再单纯属于由工程师思维直接带入的机器伦理，而属于机器知识与另一批特殊工程技术伦理的混合设计，也就是一个一个由主智能体机器带入的独立科学家、工程师的设计哲学思想被重新组合，被另一批具有特殊目的链接智能体设计者的伦理所整合了，而发生了类似的化学反应现象（隐喻），这种化学反应现象（多智能体的组合过程）蕴藏了人机混合知识与共生秩序的萌发。

　　由于智能工程目标与结果（特别是混合调用的最终结果），往往远远地超出了原设计者的预估，具有较高的不可预见性特征；又源于多智能体在智慧共享体系里的分工，特殊的小型链接智能体群，除了链接调用机器知识与人类知识外，最大的贡献是改变了这两种知识混合集成涌现的环境，智慧共享体系上升到社会大脑，开始孕育人脑以外的社会大脑类心智。

　　由此看来，从多智能体系统中两类智能体（主智能体与链接智能体）的划分着手，分别研究其内在的协同机理，十分必要与正确。

　　接下来的重点来了：社会大脑人机共生伦理形成的核心切入节点与责任主体开始显现出来。首先，图 6-1 左边所示意的特殊工程师，他们属于第一阶级新哲人成员，他们通过开发和掌控链接智能体，以自身"人机共同体的上帝"责任与特有真善美，而掌控着社会大脑的健康发展。这里有一个关键是：这个核心层，第三阶级智能体不得介入，人机共生体的律令与机制设置的重点也将在此，最大限度地阻止第三阶级的闯入可能。其次，图 6-1 底部所示意的工程师，他们属于第一阶级哲人成员与第三阶级智能体的混合队伍，承担主智能体不断产生的任务。随着第三阶级自我复制与自我再造能力的进步，第三阶级在这个队伍中的占比也将增加。最后，图 6-1 顶部所示意的用户，他们基本属于第二阶级的社会人，承担着享受、使用社会大脑和即时反馈各种应用层面相关信息给第一阶级的任务。

　　至此，我们可以得出这样的结论：社会大脑同样存在着神经可塑性，只不过这里的化学现象产生不是来自化学物质，而是不同的智能体组合（特别是多智能体）产生了类似的化学反应。这里神经可塑性主要来自异质的生物人脑再加工，是通过特殊的链接智能体被汇集到共同的社会大脑之中的，链接智能体的介入引发了人与人、人与物的第一重结构变化，人机协同环境具

有了超越以 "广场文化"① 为代表的人脑信息处理机制的能力，人机共享范围与共享程度与以往大不一样，极大地拓展了人们的记忆分布与新知识产生的时间与空间。随后的复合智能体与以往的各种系统工程一起被集成到了智慧共享体系里，再次引发了人与人、人与物的第二重结构变化，二重结构完成了人机组合。

人机协同局面的产生，不仅打破了原有的认知环境，还改变了新环境的涌现特定条件，产生了社会大脑这个复合智能体的新功能，实现了集体向善的心智孕育，成为全新人机共同体的灵魂——类心智。

双脑协同控制的人机共生共同体研究的意义在于——

我们找到了社会大脑里存在着责任阶层分离的可能。

于是，分阶层地在社会大脑中开展预设性干预的可能性也就存在了。

第三节　伦理的阶级对应

我们正日益地生活和工作在联接化、精准化、计算化的社会环境中，人类的生活与工作将越来越依赖于人工智能体与智能机器，我们可以一个人也不用而处理所有的事情。

人工智能与智能机器的工作速度、工作精度、工作态度都高于生物人，不仅有代替了体力劳动的工业机器人，还有代替了脑力劳动的人工智能体，甚至还有可以代替人类情感的机器伴侣，性爱机器人也可能将充斥人类的日常生活之中。

我们的生活正在与人造之物发生越来越紧密的联姻和交互，无处不在的

---

① 此处指古希腊的广场文化。古希腊文化广场中最典型的代表就是阿果拉（Agora），它的意思是集中、汇集，也叫市政广场。具有拓展、传播人类文化与文明的意蕴，凝聚着城市公众共同生存的契约。

人工智能体正在通过通信网络与可再生能源互联网、自智能物联网、智能交通运输网络等交相连接与集成，担当起了全球大脑的功能，从而建立起了一个分布式的人机混合智能生活体系①。

如果说工业革命的技术，在实现市场交换和获取私利的过程中，切断并封闭了地球上大量生物的相关性，那么物联网与智慧共享体系的发展，则恰恰逆转了这个过程。智慧共享体系将人造环境和自然环境融合在了一个有序运转的网络中，生物人和智能机器都作为超级节点而被深度卷入社会运转中，在不损害地球上生态关系的情况下，大大提高了生产率，帮助人类重新融入复杂的生态圈。

我们通常所讲的社会，主要是指生物人组成的共同体范畴的社会概念，这是一个以现场为主的人与人之间正常交往的社会。而如今我们却迎来了人机共生的新共同体，以及一个多智能体介入的全新社会环境。智能体及智能机器不仅在体力与脑力上与生物人协同，也给生物人群体带来了人机情感的危机，很多生物人就会逐步变成 AI 控，不自觉地沉浸在人工智能与智能机器的环绕中，甚至是在这个环境当中自我麻痹。

智能科技给我们带来了全新的社会概念，人类社会在发展，客观上在共同体的迭代上起到了至关重要作用。科技文化不断地发展，最终推动了生物人文化向人机文化的转化。新共同体不断诞生于地方性、民族性兼顾的文化演化进程之中，其中跨地方、跨民族的人类科技文化演化不断上演，人与人之间的关系也就不再是简单的社会人之间的关系。现实中出现的各种情况已经证明，智能算法正在日益介入并干预人类的生活，生物人主体及其人工智能体均被纳入了由算法决策主导的内生新秩序之中，人们开始生活在生物人文化、智能体文化混合的世界中。

这无疑会给原本的人类社会正常发展和伦理道德带来极大的挑战，人类

① 张为志. 非现场经济意识 [M]. 杭州：浙江大学出版社，2016.

历史积累起来的秩序原则将被逐渐抛弃，生物人原有的价值排序将被打乱，重构的历史再也不是一部纯粹的人类史。

双脑世界人与人之间的关系，不仅映射出了有着个体生物差异的人与人之间的关系，也映射出了 N 个生物脑共同链接着一个超级共用社会大脑的人与人之间的关系。人机共生社会活动开始转向以非现场为主的现场与非现场结合模式，纯粹生物人的种属社会机制，也开始演变成了人机混合双主体一体化的社会形态。

这将不再是一个单纯的生物人共同体，也不是生物人的网络意志集合体，而是 N 个生物人个体与 N 个人工智能体组成的新型共同体。这是自然创化与人为创化协同的必然结果，大自然与我们生物人不自觉地共同创造了一个新共同体，并同步赋予了人机共生的一定秩序。就这样，一种在社会大脑里自生长的内生新秩序，在逐步形成共识（类心智的形成）的过程中，被活生生地创化了出来，人机共生伦理也开始孕育。这种内生秩序很大程度上将影响着社会大脑的健康发育与成长，当这种内生秩序顺应物理世界、生物世界、精神世界的集成发展规律，社会大脑将得以快速健康发展，甚至在不久的将来整体上超越人脑功能。反之，社会大脑的发育将面临停滞，充其量也只能发育至普通动物的级别，根本无法与人脑综合功能相比拟。

在这个人机共生环境里，不论是出于人机混合社会治理的需要，还是生物人自我管理的需要，从社会大脑中各种主体的能动性出发，揭示基于人工智能行为与人机生活调制背后的秩序机理，反思生物人自身自主性限制、选择能力弱化及未来可能的角色地位，共同营造社会大脑的人机共生生态，是智能科技时代的人类不可回避的问题。"他人"的指向发生了变化，"他人"除了指向其他的生物人外，也同时指向了人工智能体。人机共生伦理研究任务也就明确了：充分认知社会大脑的这个影响因子，及其与之的相互关系、相互作用的内在机理，进而调整生物人与生物人群体之间、生物人与智能体之间均达成共识的人机共生社会新秩序。

人机共生伦理探讨的内容也由生物人个体从人类历史、文化、传统中所习得的伦理规范和价值理念，发展为生物人个体在人机混合社会里协调生物个体与他人、人工智能体、人机社会、大自然等共生的方式。

这种人化的世界不断地把人的文化有意无意地传递到各个个体的生命世界与智能体世界之中，也把人类、社会、群体的价值理念、伦理规范渗入个体的生命内涵与社会大脑之中。

笔者以为，人工智能体是大科学的集成产物，人机共生则是人类历史发展的必然。随着智慧共享体系的发育成长，生物人个体与多智能体均变成了一个一个的共生节点。我们可以试想，如果人的每个器官逐步都可置换，是不是最终人脑的一些功能也将置于一个永不忘却（除非社会大脑建立有删除管理机制）的社会大脑之上？

此时，原本意义上纯粹的人已经不存在了，从某种角度上讲人是否就此开始永生？人的本质概念得以改写。届时，人类生存和发展的本来意义又该如何看待？

双脑世界的共生生态秩序，不再是单纯地完全由生物人来制定，而是在社会大脑自发育的基础上，透过以各主体（包括生物人主体与智能主体）的能动性作用为主旨特征的人机共识——社会大脑类心智，引入与人机混合伦理生态的条件、均衡性律令设计等相适应的伦理演化与调适机制而演化出来的秩序。

高新科技不仅改变了我们原有的人与人之间的关系，也构成了我们新的自然观。人机共用的社会大脑及随时无疆界可调用的智能机器的出现，使得人与人之间的秩序一方面更加地不确定；另一方面，又更加地确定。不确定性在于人类对社会大脑的依赖程度是不确定的，确定性在于人脑可以通过平等、自由、善意的集体意向力的主观能动性来调用或调控社会大脑。由于人工智能体天生带有人类知识基因，社会大脑的人机混合伦理观，也天生包含着传统理论对人与人、人与社会和人与自然之间关系处理中的行为规范要求，人机混合伦理观也转化为物理世界、生物世界、精神世界的全新自然认知。

在高新智能科技带来的人机共生环境里，我们离不开生物人心智，但也无法再靠单一生物人的社会学理论来解释与揭示人类新历史阶段的社会变迁规律。我们的科学哲学研究，也越来越需要向人机共生环境认知和共生秩序治理的新理论迈进。

通过前面章节的讨论，我们知道，基于双脑世界主体的现代性和主体的分层性，使得哲学的发展会遇到诸如新集体主义与人机多元个体之间关系的新问题。

我们认识到，由于生物人天生的生物属性的存在，生物天性中的恶难以被消灭，生物天性中真善美也永不磨灭。双脑世界别无他法，只能采取对社会人某些生物属性的适当隔离。

为了人类持久的可持续发展，维护人机生态平衡，总有那些优秀的哲人在思考，在行动。他们思考的是智能世界的人"之所以为人"的根本，其行动体现的是生物人主体的价值重构。他们在着力修补人与自然日益破裂的关系的同时，也依靠科学技术改善包括人工制品在内的新世界生态，其目标就是期望能建立起和谐的人机共生秩序，使得我们的生物人在文化异存与文明趋同进程中的矛盾得以解决，也使得生物人与智能体各自并行发展且和谐共生具有可能，不断承担并实践着对自然万物的责任。

智能世界客观上出现了由两类不同主体（人和非人）组成的一个共同体，其中又包含着由新哲人第一阶级、社会人第二阶级、类人智能体第三阶级分别形成的三个共同体。

第一步，高智能体发展的同时开始以劳动者阶级的身份，加入人类社会的整体再发展进程，生物人群体与智能机器群体形成一个整体性共生共同体；第二步，生物人群体开始出现主动觉悟的新哲人群体，少数生物人在自我反思和"上帝"责任的驱动下，逐步形成了调控社会大脑的新责任型共同体，承担起人机共生的调控重任；第三步，生物人群体开始不经意地自我选择性地分化，多数生物人在自然本性和利益分配的驱动下逐步聚合形成了纯粹的生物人的社会人共同体，承担起人类生生不息繁衍的重任。

这不仅是一个生物人群体与新参与主体群体间怎样划分与怎样相处的问题，更是一个我们对人机共生的双脑世界的本质理解的问题。第一，智能体之所以变得越来越智慧是因为一个人机共享的社会大脑正在发育，也正是这种超级智能的无限发展的可能，它们最终演化为双脑世界的劳动阶级，我们称其为高智能体类人。第二，绝大多数生物人在自然本性的驱动下，将极其舒适地被社会大脑所绑架，自觉沦为双脑世界整体的剥削阶级和享乐阶级，我们称其为社会人。第三，少部分的生物人，则真正再度进化（犹如数万年前的猿与人的分化点），最终进化为双脑世界的统治者和掌控人，我们称其为真正的新哲人。他们不再仅仅是财富的终极支配者（机器人已经为双脑世界创造了充足的物质基础），而且是社会大脑的掌控者，他们通过自身所特有的主观能动创造力（这个群体包含所有的自然科学和人文社会科学的创造力），以第一阶级内在的平等、自由、善意的集体意向力和超级智慧与技能来调控社会大脑。

全新共同体人机共生伦理观也就开始建立在一个透明和永久记忆的社会大脑之上，表现在社会大脑的类心智健康程度方面。基于历史、现实层面的他人他物共在的伦理，也随着人机共同体的迭代而不断演化。个体生命置身于人与智能体共同存在的人机社会生活实践中，获得一种超越其自身个体性存在的全新社会意识。

因此，人机共生伦理应包含以下基本含义，并分别对应分解到三大不同主体阶级之中。

含义一: 人机共生伦理是对生物人在人机共生环境中的道德责任义务的探讨,是关于人机共生道德的起源、发展,人的行为准则和义务的创新学说。

对应分解:①第一阶级与该含义所涉及的行为准则和义务全部相关;②第二阶级与该含义所涉及的行为准则和义务部分相关;③第三阶级与该含义所涉及的行为准则和义务不相关。

含义二: 人机共生伦理是指一系列指导生物人在人机共生生态里的行为观念,是从概念角度上对道德现象的哲学思考,蕴涵着依照一定原则来规范生物人及生物人群体行为的深刻道理。它包含着对人与人、人与智能体、人与人机共生社会,以及人与智能体共同处理与自然的关系时的行为规范。

对应分解:①第一阶级与该含义所涉及的行为规范全部相关;②第二阶级与该含义所涉及的行为规范全部相关;③第三阶级与该含义所涉及的行为规范被动全部相关。

含义三: 人机共生伦理是指突破人类社会中人与人、人与社会、人与国家关系和行为秩序的规范。涵盖任何持续影响人机共生社会的个人行为、团体行为、组织或专业行为。包括企业、人类组织在特定的人机共生环境里,其生产经营行为所需的特殊伦理要求。

对应分解:①第一阶级与该含义所涉及的伦理要求部分相关;②第二阶级与该含义所涉及的伦理要求全部相关;③第三阶级与该含义所涉及的伦理要求被动全部相关。

含义四: 人机共生伦理是指人们心目中认可的人机混合社会行为规范。共生伦理对人与人之间的关系进行调整,调整的范畴为整个人机共生社会。

对应分解:①第一阶级与该含义所涉及的行为规范全部相关;②第二阶级与该含义所涉及的行为规范全部相关;③第三阶级与该含义所涉及的行为

规范被动全部相关。

含义五：人机共生伦理包含生态伦理，是伦理道德体系，是人们协同智能体一起应对环境的一种价值观念，也是共同维护生态环境的道德观念和行为要求。

对应分解：①第一阶级与该含义所涉及的生态伦理全部相关；②第二阶级与该含义所涉及的生态伦理要求全部相关；③第三阶级与该含义所涉及的生态伦理被动全部相关。

注意：以上第三阶级的承担形式是指设计该智能体时就应考虑到的该智能体实际应用时应表现出的状态或社会大脑类心智调控下的行动。

双脑世界人类特有的自然观，也逐步演化成了新的人机情感、人机意志，以及生物人人生观和价值观等，发展为符合某种历史再发展需要的全新行为准则，我们可以称其为人机共生生态伦理思想的形成。人机共生伦理的主要特征分别表现如下。

（1）认知基础特征，主要体现在从社会大脑认知及人机知识机理出发的不同知识系统的集成观等方面。

（2）伦理源泉特征，主要体现在从个体源泉及生物人社会源泉转向复合式的社会集体源泉等方面。

（3）伦理主体特征，主要体现在从单一的生物人主体，演变成三大阶级的三大主体结构等方面。

（4）伦理产生的环境特征，主要体现在社会大脑日益发达、人工制品日益智能化的类心智环境等方面。

（5）伦理发展的动力特征，主要体现在不再单纯由利益驱动，而是局部利益、局部个体偏好与共同体整体责任相融合等方面。

（6）伦理的内容特征，主要体现在围绕着人机共生类心智展开的生态内容等方面。

（7）伦理的治理与教化特征，主要体现在三大阶级相对隔离的分别自我修复与延续传承等方面。

（8）约束力特征，主要体现在生物人约束力的非唯一性方面，即人机同时的公开或排除的约束机制。

（9）集体主义概念特征，主要体现在个体主义与人机集体主义相融合等方面，创建的是人机共生的和谐共同体。

生物人（不是智能体）在智能世界新环境中的主体性反思与三大阶级伦理的对应分解研究，促使我们在人机共同体组织形态里对人"之所以为人"的深度思考：在双脑的世界里该怎么再次选择性地重新做人？！

生物人社会独特反思性告诉我们：新文明历史时期的社会变迁思考，必须冲破以单一生物人社会学理论为代表的意识形态束缚，可以从哲学层面的全面澄清开始。

这是一次立足于社会大脑意识对生物人单一秩序的反思进程，与单纯生物人社会群体变迁与生物演化及技术演化的过程不一样，生物人个体主义过渡到了全新的人机共生集体主义。

这也是社会大脑新共同体内生机制的实践伦理，是人机类心智功能的特定现象。

人机共生伦理不再是生物人集体的选择（不再是路径依赖问题），而是新共同体内生机制中人与非人秩序的集中反应，是人机共生价值与共生哲学思维的共识呈现。

第七章
逃离绑架

幻灭与清醒，绑架与逃离。

科学技术的进步，物质世界的丰富，使得双脑世界很多人远离了文明社会积极的价值观，没有责任心的生活虚无主义开始再度盛行。

人们开始生活在双脑世界的极度舒适与极度自由之中。

届时，很多人开始麻痹，他们殊不知这种看似脱离社会的自由，是建立在深度依赖社会大脑的基础之上的。即他们因自己的独立知识变窄（一种偏颇的对世界、对社会、对自我的认知），沉溺于生物人的社会经验和社会大脑偏好的沉浸式体验，最终被自我认知所绑架了。

只有少量的仍然保持着与众不同灵魂的生物人，逃离了生物人局限及社会大脑的绑架，向着双脑世界的第一阶级进化。

他们／她们不再承担唤醒者义务，而是成为物理世界与精神世界融合的双脑世界的护卫者。

"上帝"复活了，人机和谐了。

这个"上帝"正是人机共同创造的：天生带有人类基因，是在生物人脑参与下的、不间断自我教化与自我修复进化的社会大脑基础上的人机共生类心智。

第一节　地球承载的回归

科学技术的发展史，就是一部人类认识世界、改造世界能力的拓展史。

科学技术的进步推动了人类文明发展，引发了深刻的社会变革，催生了一种不同于自然经济文明（也称农耕文明）、市场经济文明（也称工业文明）的新文明——非现场经济文明（也可称数据文明）。

人类走过了农耕社会、工业社会、信息社会，已经进入以"智能"作为当今社会时代印记的新阶段——智能社会，也进入了在动力工具基础上发展智能工具的新阶段。

先进技术的运用不断地拓展了我们的认知边界，不仅带来了劳动生产率提升的红利，也引发了社会结构和要素的巨变，我们迎来了双脑的世界。

双脑世界共同体体系的建构推论，彻底改变了我们的人类历史发展观，人们开始摒弃地球超负荷承载的人类发展模式，人口红利理论也从此退出了历史舞台。

智能的非现场世界不仅带给了人类充足的物质享受，而且也带来了不同的官能感受，社会活动形态也从以现场为主转向了以非现场为主，不论是视觉、听觉、味觉、嗅觉、触觉，还是静态体验或运动体验，甚至非人的性体验，均得以与现场或非现场一致的方式完美实现。

双脑世界的人们，出生之时就享受智能世界的美好，不但不用烦恼吃穿，而且还有各种智能化产品使用，被机器人侍服，所以他们对于利益的追求欲望并不高，低欲望成为生物人社会的主流。因为他们认为自己该拥有的已经拥有了，有一个踏实丰富的生活就可以，他们只关心自己过得是否舒适。

事实上低欲望早已经在当下社会开始萌发，有人在日本的首都圈测试了

1000 名年轻人，分析出非常有野心的人只占 12% 而已，没有执念或者是没有太多想法的人，占到了测试总人数的 69.2% 以上。这些年轻人对自己的事业整体没有太高的期待值，他们认为自己的生活很好，没有必要再去过多努力。有些人就想缩在自己的小世界里，不愿意和外界有太多的沟通，成家这种事也不在他们的计划之内。

因为长久困在家中和社会脱节，以至于和人交流都成了问题。面对一些严肃的事情，他们的态度也是让大家想象不到的。对于很多恶劣的社会事件，他们完全表现不出愤怒，而是事不关己当作笑话一样看待，社恐症（线下面对面社交恐惧）及"关你啥事"都体现出低欲望社会的特征。

人们对自己生活品质的追求转向了精神世界和感官世界，他们不想让自己精疲力竭。

至此，我们不禁要问：在低欲望的双脑世界中，生物人的人口转型又会是怎样的？人口结构或数量的发展变化趋势，还会是基于"人口红利"那样的社会需求刺激路径吗？

人口红利，是经济学术语，是指一个国家的劳动年龄人口占总人口比重较大，抚养比比较低，为经济发展创造了有利的人口条件，整个国家的经济呈高储蓄、高投资和高增长的局面。一国人口生育率的迅速下降在造成人口老龄化加速的同时，少儿抚养比例迅速下降，劳动年龄人口比例上升，在老年人口比例达到较高水平之前，将形成一个劳动力资源相对丰富、抚养负担轻、于经济发展十分有利的"黄金时期"，人口经济学家称之为"人口红利"。

从长期看，一国的"人口红利"并非可持续的。传统人口转型理论告诉我们，"人口红利"期只是一国人口变迁过程中的一个必经阶段，即当人口出生率尚未显著下降，而死亡率明显下降的阶段。因此，从长期看，世界总人口中劳动人口比重将减少，世界经济所享有的"人口红利"的黄金时代正在渐行渐远。人口的老龄化和青壮年劳动力供给速度的持续下降，将通过劳动力要素供给，以及与此相关的社会储蓄和资本积累来制约世界经济未来的增长。这意味着"人口红利"的持续衰减及人口变化趋势不可逆转。

达雷尔·布里克（Darrell Bricker）等在《空荡荡的地球——全球人口下降的冲击》一书中指出：长达半个多世纪以来，统计学家、专家学者和政治家们不断警告说，持续增长的地球人口正威胁着我们有限的资源。[①]

但是他们错了，事实恰恰相反。我们预判大约到 2050 年前后，地球上的人口将会开始下降，而这种下降将是不可逆的，一旦发生就很难停下来。在许多发达国家和发展中国家，这种衰退已经开始。据韩国《中央日报》2021 年 1 月 4 日的报道，韩国首次出现全年人口负增长。韩国行政安全部当地时间 3 日发布的居民登记人口统计数据显示，2020 年，韩国出生人口约 27.58 万名，同比减少 10.65%；死亡人口约 30.78 万名，同比增长 3.1%。韩国死亡人口数自 2011 年至 2018 年持续增长，在 2019 年小幅下降后，2020 年再次反弹。照此数据计算，韩国 2020 年全年死亡人口比出生人口多出 3.2 万人，导致韩国首次出现人口负增长现象。报道称，韩国统计厅此前曾预测韩国人口会在 2021 年开始减少，此次公布的数据表明人口负增长"元年"提前一年到来。这意味着韩国的人口红利趋于消失，反映人口驱动的经济发展开始进入一个"减速期"。

这是一个有趣的问题，一方面是人口的生育率在下降，一方面是劳动抚养负担在不断升高。

我们不妨先从现有人口的劳动参与率分析开始。

劳动参与率，是经济活动人口（包括就业者和失业者）占劳动年龄人口的比率，是用来衡量人们参与经济活动状况的指标。2020 年的 G20 国家的平均劳动参与率在 60% 左右。我们再看看 G20 国家的抚养比（又称抚养

---

① 达雷尔·布里克，约翰·伊比特森.空荡荡的地球：全球人口下降的冲击[M].闻佳，译.北京：机械工业出版社，2019.

系数，是指在人口当中，非劳动年龄人口对劳动年龄人口数之比。抚养比越大，表明劳动力人均承担的抚养人数就越多，也意味着劳动力的抚养负担就越严重），2020 年 G20 国家的总抚养比在 40% 左右。

人口红利消退本身并不可怕，关键是要在人口结构逐步老龄化的过程中，实现经济转型增效，促进智慧化劳动生产率红利的新增长。如果说，农耕社会和工业社会的大发展，是得益于物质工具和能量驱动的动力工具的极大发展，那么智能科技则将引发的人们生活方式、生产方式、职业结构、消费行为、价值观念及社会结构等的深刻变化。

透过各种纷杂的信息，我们可以看到，如今人们对人口问题的焦虑，无非涉及两大核心问题：一个是劳动参与率问题，另一个是抚养比的问题。也就是说，劳动参与率在下降，社会抚养比却在不断攀高。

现在，让我们一起探讨这两个问题在双脑世界里会发生怎样的变化。

在双脑世界中，大部分生物人已经没有了太高的欲望，一方面由于科学技术带来了极大的物质满足，他们过的就是一眼可以望到头的舒适人生。宅男宅女们依托技术的进步体验到了非现场的强现场感，享受着非现场的强现场感快乐，失去了面对面交友、自然生育等方面的客观需求和主观兴趣，生育和抚养也不再是主要的精神依托基础。另一方面，生命科学的进步，战胜疾病和抗衰老能力提升，人们的平均寿命也被延长。

在劳动参与率问题上，双脑世界的劳动工具（甚至劳动者）以社会大脑控制的以数据、信息、知识、价值为驱动的众多智能体（非人的第三阶段）为主。在双脑的世界里，机器人和智能系统不仅仅使劳动工具智能化，更重要的是普遍地替代了人类的劳动，彻底改变了原本的劳动参与率问题。

随着人工智能体的不断产生，双脑世界的人口红利、劳动力红利将彻底消失，随之而来的是普遍的智能红利。智能红利将为科技进步及社会经济、人民生活的高质量再发展提供支撑。

关于抚养比问题。由于双脑世界丰富的物质基础主要来源于第三阶级(智能机器)的劳动,且理论上讲这是一个全新的"只劳动不参与直接分配"的特殊阶级(当然维持智能机器运转的能量和原材料需求不在我们的讨论范围内,我们主要讨论生活物资范畴)。当这个第三阶级所提供的物质足以满足所有生物人的舒适生活时,双脑世界的"抚养比"将不再是生物人群体中的老人、孩子等非劳动年龄人口与中青年等劳动年龄人口之间的配比问题,而是转向了第一阶级、第二阶级与第三阶级的配比问题。

人类生育的主观动机不再是满足"养儿防老"的客观需求,而是转向了纯粹享受天伦之乐与种族繁衍的需求,人们开始追求普遍的精神享受。

这些,最终都将反映在地球总人口负增长的出现与加速上。

当人口红利不再起作用,抚养也转由智能体承担时,接下来更有趣的问题来了:双脑的世界,我们还需要这么多人吗?谁来决定这最终的结果?我们需要多少智能体与之匹配?

笔者以为,随着人口红利的消失,双脑世界生物人人口增长的客观动力锐减,人口增长的社会性需求不复存在,人们终于开始走出"为养活人而生更多人"的怪圈。

现在,我们也可大胆肯定与预测,大自然的发展力量,最终决定了这一切:低欲望+低出生率。双脑世界的总人口的大幅度减少,成为人类历史发展的必然趋势。

人口要素的前提(人口红利、抚养比、社会保障制度、个体精神观感、天伦之乐等)改变了,导致标准再次回归到地球的承载力上,这个承载力不仅仅是指地球物质资源的供给,更关键的是指能量的供给,因为智能体的能量需求激增。

我们可以初步下个结论:双脑世界不再需要超出地球负担的人口数,人口会大幅度下降,一直下降到与大自然承载力(特别是能源承载力)平衡的合理值附近。

双脑世界的危机将不再是人类面临的社会经济层面的矛盾，也不是类似地球变暖这类环境问题可能导致的某种灾难性后果，从某种意义上讲，"双脑世界是能源的世界"，双脑世界的最大危机是能源平衡危机，能源的获取、合理的使用以实现地球承载力最优是避免能源平衡危机的有效途径。

根据双脑世界人机共生共同体的"多级多元"发展特性对地球承载力进行预估，现我们可以大胆初步预判：按全球 75 亿人口计算，共有 22.5 亿有效劳动者［计算方式为：75×（1 － 40%）×50%］，其中，40% 为抚养比，50% 为人机工作量占比。即如果我们生物人群体，拥有足够的智能体，那么就不再存在人类抚养比的问题。

由于一个劳动者的劳动不是由一个智能体就能替代完成的，而是需要多智能体的联合协助，届时我们也许需要过百亿的高智慧智能体来完全替代这22.5 亿人的劳动。双脑世界将拥有超过百亿由社会大脑操控的超级智能体第三阶级，它们协同服务于 22.5 亿左右的生物人群体。

生命总是生生不息的，在双脑世界里，人们的生育观因外部社会条件和自身生育认知的变化而变化，也许个体生育欲望将大幅度锐减，但人类种族延续的内在驱动将保证人类的持续繁衍，并使人口数量与自然的承载力达到某种平衡。

在"地球承载力与人机全宇宙拓展需要"这一目标的指引下，我们从智能科技集成发展的认知入手，通过人机和谐共生社会大脑建构的目标导向条件和智能世界基本矛盾的变化，在尊重人天性（善恶）的认知基础上，开展双脑世界各阶级的全新分析，确保人机秩序不再是某个维护地域群体或某个利益集团的秩序，而转为一种双脑世界不可阻挡的人机共生的整体和谐状态。

双脑世界的人口要素与人口结构、人机占比、社会结构等方面都发生着深刻的变化，在人机共生社会自我修复机制的作用下，最终共同指向了地球最佳承载力这个原点，也开启了生物人自身本质属性的根本转变。

第二节　偏好与依赖

在自身进化发展的进程中，人类不仅把动物驯化成我们的生活伙伴，也通过社会大脑，将机器训练成了我们的生活伙伴。

我们不仅与狗等动物相伴，也开始与人工智能体共同相依。

非现场经济文明时代，人们通过智慧共享体系，从用户视觉、听觉、心理极致的需求角度，重塑了人们不在场的全真视野分享、沟通与交往过程。

逐步占据主导地位的非现场交往，以其极速性和广泛性彻底激发了全域化交往热情，各种不同的在线新社群建立的基础也不再是地域和利益，而是以共同感兴趣的内容为首要因素。

智能系统不同于机械系统，智能系统具有感知环境（包括自然环境及社会新环境）变化与一定的认知变化规律的能力，进而通过预设系统的反应机制来实现设计目的，导致了双脑世界的人与物的关系、人与人的关系正在发生着深刻变革，也是导致人口结构变化的主因。

哈佛大学罗伯特·D.普特南（Robert D. Putnam）认为我们的社群意识和公民责任在过去30年间急剧恶化。研究人员通过社会研究得出结论：网络日益成为人际交流的主导工具，同样也会造成社会的孤立，维系我们链接社群和邻里的联结纽带已经凋萎。

2016年Facebook（脸书）[①]信息"滤泡"推行之初是为了提高用户的阅读

---

① Facebook（脸书）是美国的社交网络服务网站，创立于2004年2月4日，总部位于美国加利福尼亚州。主要创始人是马克·扎克伯格（Mark Zuckerberg）。

体验，并高效获取用户感兴趣的信息。它能通过"学习"用户平时的阅读习惯，从而推断出他们对哪些信息感兴趣，随后对用户定向推送。无独有偶，中国的头条号通过采用网络爬虫技术和矩阵筛选模式也在为公众提供匹配度比较高的信息推送服务，随后的各种社交媒体、网络平台、游戏平台、短视频娱乐平台、电商平台、直播平台等无不采用大数据的偏好分析与精准推送之策。人们越来越习惯并长时间沉溺于狭窄的偏好之中，这就等于慢慢地阻断了社会信息的多样性和生活的丰富性，极易造成用户的狭隘、自我、消极、灰暗，甚至是"幸灾乐祸"等负面心理滋长。

随着 5G 的应用和智能手机向高精度方向发展，原本用来分享事实、新闻、生活趣事的自媒体也正在演变成娱乐新闻与商品、商业服务绑定的传播工具，建立在了物联网的基础上，资本开始大量涌入。在资本逐利的贪婪本性的驱使下，这种偏好分析与精准推送变得无底线地泛滥。

用户更轻易地便可获取与自己偏好及立场一致的信息，且不论这些消息的真假、有用无用，满足自己的视听需求和消遣娱乐为第一，其次才是顺带了解其他信息。

"我喜欢，咋的啦？关你啥事？"开始盛行。

我们做过一个实验，将四名学生召集在一起讨论各自的爱好并分享趣闻。首次的讨论可以说是阳光而激烈的，于是我们宣布一个月内各自可以自由按各自偏好去刷屏，不论刷啥内容，同学们将可以不再交流讨论。一个月后，同学因其他事聚在一起，当我们对四位同学发问："这个月你们有啥趣闻可分享给我们呀？"四位同学几乎异口同声地说："没啥趣闻，瞎看看呗。"于是我们转向其中一个同学："你知道其他同学都在看些啥吗？"不料，还没等该同学开口，其他三位同学面面相觑，似乎在说："咋的啦？关你啥事？"又过了一个月，当我们再次聚在一起，看着大家各自用手机刷屏时，我们故意突然问起对一个时事问题的看法时，一个让人吃惊且尴尬的局面产生了，这些同学几乎都只是抬了抬头，眨了眨眼，似乎在说："咋的啦？关我啥事？"

短短的 60 天，从偏好出发，这些同学快速走向了精神依赖，又从"关你啥事？"的自乐，发展成"关我啥事？"的麻木。

"关你啥事"追求的是自由个体的崛起；"关我啥事"则是进入了社会性的麻木状态！

社交媒体具有短平快、碎片化、去中心化的属性，这使得每人拥有了表达传播个人观点的最佳途径，然而社交媒体总是喜欢煽动性的、极端的、谣言类的信息，这是"非充分理性"社交媒体天然的缺陷。

在算法选择的偏好推送作用下，"非充分理性平民"越来越集中于一个群体、一种声音，久而久之，一些匪夷所思的现象就出来了。有些十分明显的耸人听闻的消息和极其错误的言论，这些"非充分理性平民"不但喜欢，而且深信不疑。

数字社交媒体就像是一个巨大的放大器，社交媒体也通过愚弄公众的正义和善意，对社会发展产生影响和干预。数字化开始对人类发展进程产生越来越大的影响，且这种影响很多时候是国家层面都难以控制的。

一些人非常善于利用社交媒体，知道社交媒体的引爆点在哪里，甚至涉嫌制造虚假流量等方式来炒作，为自己谋取利益，消费公众。

一种新的权力开始诞生——社交媒体统治权。

2016 年开始，随着美国总统特朗普依赖公众的影响力上台，推特①治国、脸书平天下，成了人们茶余饭后经常谈论的话题。2021 年 1 月 6 日，特朗普在社交媒体上号召拥护者去国会参加一场"拯救美国"的集会，最后这场集会竟演变成了国会打砸抢事件，造成了伤亡。当地时间 1 月 8 日晚，美国社交网站推特在一份声明中宣布，由于存在进一步煽动暴力的风险，已"永久封禁"特朗普总统的账号。据《今日美国》消息，脸书于 1 月 7

---

① 推特（Twitter）是一家美国社交网络及博客服务的公司，致力于服务公众对话的社交媒体。

日宣布，在当选总统拜登上任之前，将持续冻结特朗普的脸书和 Instagram 账号，甚至不排除无限期冻结特朗普账号的可能。谷歌、苹果也相继出手，谷歌已经将社交网络平台 Parler 从其应用商店中下架，称该平台允许"煽动暴力"的帖子发布，于是苹果商店便考虑下架这一 APP 的举措。社交媒体统治权开始显现，"推特治国""脸书平天下"的美国总统，被剥夺了一个主要的统治工具，而这种剥夺并非来自国会或最高法院，而是社交媒体的大佬们。紧接着，不同政治倾向的社交媒体和搜索引擎也加入其中，如某搜索引擎认为推特和脸书对现任总统封号行为属于非法，于是这些企业们开通了因用户请求而屏蔽推特和脸书等功能。

数字社交媒体相互屏蔽带来社会改变，将是所有人必须面对的新课题。

暂且不管这是不是合法权利，但足以给我们敲响一次警钟：当数字社交媒体已经具有了某种社会治理的权力特征时，如果放任科技创新的垄断，进而使其发展到对数字媒体的集体垄断，那么，由此产生"非充分理性"阶层垄断的社交媒体统治权，那将是十分可怕的。

人的本性喜欢简单的东西，如简单的语言、简单的分析、简单的推论，这种本性在社会生活数字化的今天，使一些社交媒体在利益的驱使下，开启了一味迎合受众偏好的运动。它们不断细分人群，不停地为用户贴上偏好标签。在资本趋利的本性推动下，不停地粗暴推送，"把用户当成猪，用户爱看什么，就把什么送足喂饱。别管喂什么，养肥就行"。

这些企业以传播信息、抢占公共空间为出发点，却忽视了对公共价值观的影响。缺乏传播专业性、严肃性及价值导向，会导致大量迎合人性阴暗面定向推送情况的发生，客观上站到社会主流价值观的对立面。

远离了文明社会积极的价值观，唯能给用户带来意义的事便是刷屏这个动作的本身，用户在自我偏好之中越陷越深，他们的眼里只有自己的偏好世界，没有他人他事，不屑和"社会"发生任何关系，他们的眼里岂止没有他人，甚至没有自己。更为糟糕的是沉浸在深度偏好里的人们开始出现这样的生活态度：我就喜欢像猪一样无欲无求地快乐生活，快快乐乐地接受屠宰。

大部分人从竞争社会的高欲望走向了智能世界的无欲，回归到了欲望的闭合。无欲，不代表无趣生活。人们开始追求官能感觉的脑部快感刺激，如沉迷于电子游戏、机器异性伴侣、虚拟世界等。

快乐地生、快乐地活、快乐地死，这种思维在扩大。

智能算法支配的内容生产体系，让多数人停留在舒适圈，从"一次点"，变成了"一直看"，阻止了你接触到较为全面或相左的信息，用户接受知识的范围，越缩越窄。先入为主的单一视角看事情的情形，正在社会上普遍上演。鉴别力、自控力不强的人越来越褊狭，直至观点固化偏激。人们不知不觉地启动了剥离原本的自我身份的进程，开始甩掉一个一个身份，如同脱去一层一层衣服一样。

在现在的社会秩序中，人们在不同场合拥护不同的身份，这些不同的身份特征，对应着一定的权利与义务。随着这一件一件身份外衣脱离，从某种意义上讲，这也是一种社会关系下自我绑架的——脱离，人们似乎越来越拥有选择身份的自由。于是，没有责任心的生活虚无主义开始再度盛行。

众所周知，我们人是通过预见未来，选择预设反应模式，来超越机械因果而获得自由的。从某种程度上讲，自由是一种可能的选择，可选择的项越多自由越大，这是选择自由。智能机器人的快速发展模糊了人机界限，对人的本质、人的主体地位等形成强烈的冲击。

于是，当我们怀着先前的认知，认为做出一种选择可以给自己带来更多的自由，殊不知在社会大脑中存在大量的社交媒体智能体，使得很多人在选择一次后，就立即进入了算法引导的偏好依赖之路。其实，这种看似脱离社会的自由是建立在深度依赖社会大脑的基础之上的，即被社会大脑偏好的沉浸式体验，绑架了自我认知，看似是可选择性的激增，实际上却变成了一次性选择。

这是一种被社会大脑放大的对世界、对社会、对自我的偏颇认知。

算法自媒体之所以爆发出如此大的能量和对传统媒体有如此大的威慑力，从根本上说取决于其传播主体的多样化、平民化、普泛化和大众的偏好依赖。注意：这里已经存在着大量的人工智能体介入现象，事实上自媒体的个性分析与个性推送已建立在人工智能体独立运行的基础上，而不再是由具体工作人员人脑进行的分析，甚至多数被推送的新闻或短文，均由人工智能自动合成。当人们长期脱离生物人脑的思考环境，不断地被人工智能体洗脑时，多数生物人也就逐步演变成了人工智能体忠实的仆人。

就人脑中的呈现而言，我们的主观体验都可以说是虚拟的；但就脑部的信息来源而言，具有真实世界与完全的虚拟世界这两种不同来源。

在双脑的世界里，真实世界的非现场化与非现场的虚拟世界（以元宇宙概念为典型）开始深度融合。人工智能技术的发展壮大在深刻地改变社会结构的同时，也开始分裂我们生物人自己。一种选择可以给后面带来更多的选择，也有可能使得以后的选择越来越少，很快你我就不知不觉地落入了被禁锢的思维"舒适圈"之中，最后再也没有选择余地。

生物人群中开始出现高速运转的智能社会系统的"附庸"和"奴隶"。

这就是社会大脑的偏好性选择奴役。

这让我们联想到 2400 多年前柏拉图在他的巨著《理想国》里所阐述的洞穴理论。一群囚徒从出生起便被囚禁在一个洞穴里，从小到大都被链锁锁住双手，也不可以回头，只能看着自己的前方，洞穴的洞壁上映射着影子。在这群被困的人的身后，则有一条通道，这条通道是可以贯通整个洞穴的。在这条通道的旁边有一堵墙，这堵墙并不高，大概跟木偶戏的屏风那么高。外面的人背着各种各样的工具和器械走过这个通道，火的光亮把这些影子照射到被困的人眼前的墙壁上。

因此，这些被困的人就认为这些影子就是这个世界上唯一真实的事物。

柏拉图告诉我们，我们看到的世界可能只是一个影子。所以洞穴里的囚徒并不是人脑不健康或思考能力不足，而是他们的感知体系困住了他们的思维，再加上群体思维的从众心理，对真实世界的分辨也就更为困难了。

世界是不确定性的，当我们步入双脑的世界，非充分理性又遇到了极度偏好的成长，也许你我将无法避免自我觉知的麻木，自己实际已经生活在了一个"心灵的牢笼"里。

第三节　绑架与逃离

纵观人类发展的历史，工具的使用（特别是金属工具的启用），促使劳动生产率快速提高，加速了社会成员分化。工业革命解放了人的双手，把人们从繁重的体力劳动中解放了出来。而智能革命使得人类大脑得以在时空中延展，人们的认知觉醒也得到了再次的升级。

复杂的人类大脑赋予了人类智慧，同样也带来了很多烦恼，除了人类以外，没有任何生物会为了生命的意义而烦恼。对于大多数生物来说，活着并且传递自己的基因就是全部的意义，可是人类和地球历史上的所有生物都不同，人类具备自我思维和学习能力，还可以进行有效的沟通，进行知识的传递，总想去寻找更复杂、更深层次的逻辑。

伴随着人类的不断进步，我们也总能看到一批一批的觉醒者，经历了重重苦难，一次又一次地拯救同胞，发现新的世界。

"唤起民众千千万"，让我们从一个"洞穴"出来，又进入了另一个"洞穴"，如此反复。在某种意义上我们可以这样说：人类以往的历史就是一部觉醒与唤起觉醒交替的历史，持续推动着人类的进步。

今天，我们迎来了双脑的世界，曾经很多革命者使用名言："你们可以控制我的身体，但永远无法控制住我的思想。"如今又会是一番怎样的景象呢？

通过前面的章节讨论，可以看到：智能科技正从单体智能产品的研究向智能集成方向发展，这也就意味着软硬件一体化的研究范式再度分离，硬件研究回归到智能躯体范畴，搭载着智能体灵魂的机器知识与人类知识正在向空中集结。

现在我们可以听到的社会大脑告白却是："我们不想控制你身体，给你躯体最大的自由与舒适，但我们可以控制住你的思想你的灵魂。"

灵魂不灭。伴随着以智能科技为支撑的社会大脑的形成与演化，当我们开始尝试以上帝的视角审视整个宇宙时，我们会惊奇地发现，人类的灵魂正在"被集体化"。一方面，人类的自由在不断扩展；另一方面，人类的灵魂亦在日趋集中。[①]

这里的灵魂也是哲学层面的意义，而不是宗教层面的意义。

双脑世界各种虚拟和现实信息，随时不停切换，很多时候使我们无法分辨，社会大脑以最大化接近人本性的方式，展开了对人的思想绑架。届时，绝大多数生物人将深度依赖于社会大脑。你的躯体越来越自由，思想却越来越简单。

届时，你无须再分辨或怀疑你看到的、听到的，这不影响你获得躯体舒适所需的一切，唯一的代价便是心甘情愿地失去通向心灵的自由之途。一方面，我们在不知不觉地不断接受科技精英与其产品——机器精英的洗脑绑架；另一方面，我们人的自由意志也可能存在，并通过第一阶级在社会大脑里不断演化与体现（意志的规律与自然规律的结合）。

谈到自由意志，终究还是先要在自然主义框架下进行探讨，先不妨让我

① 张为志. 社会大脑：智慧共享体系的形成与演化 [M]. 杭州：浙江大学出版社，2017.

们来看看康德①的哲学思想。康德哲学的全部工作，就其最主要的观点来说，就是把自由的规律与自然的规律区分开来，并确定两者的关系。他认为真正的自由是指人在道德实践意义上具有不受自然律束缚、摆脱肉体本能而按自身立法行事的自由意志、人的理性在对象方面建立了自然界的必然规律，但却因此使自己的自由受到了限制；人的同一理性在实践中却能够不受自然规律束缚，而按它自身一贯的自由意志的普遍规律行事。人在一切自然必然性面前就仍然是完全自由的，他完全可以不按道德律（绝对命令）办事，他内心很清楚他本来"应当"怎么做，而且只有那样做了，他才真正是个自由人。

这种自己为自己所定的规律，即是自律。康德自由意志的这个普遍规律（所谓的"绝对命令"），在康德那里有3种不同层次上的表述。第一种表述是最表面的，是通过与自然律的类比来建立意志自由的规律："你要这样行动，就像你行动的准则应当通过你的意志成为一条普遍的自然法则一样。"第二种表达形式："你要这样行动，永远都把你的人格中的人性及每个他人的人格中的人性同时用作目的，而绝不只是用作手段。"第三种表达形式："每个有理性的存在者的意志都是普遍立法的意志这一理念。"康德的第一条表述强调的是自由意志作为一个具有自然因果性效果的目的行为，其普遍性根据之所在，因而这普遍性毕竟是通过其自然效果（各人根据其利害关系做出的反应）来发现的，这就承认了经验主义伦理学把自由意志等同于主观欲望有其理论上的来由，但同时揭示了他们的根本误解和混淆。第二条表述强调的是自由意志的目的性是一种普遍一贯的目的性，是不论对己对人、不论在何种经验世界的处境中始终有效的目的性，从而表达了自律原则的超验性，这就承认了理论主义伦理学把自由意志等同于客观的普遍强制性规律和人对这种规律的认识也有其理论上的来由，但也指出了他们同样混淆了自律和自然律。至

① 伊曼努尔·康德（Immanuel Kant, 1724—1804年），德国古典哲学创始人，其学说深深影响了近代西方哲学，并开启了德国古典哲学和康德主义等诸多流派。康德是启蒙运动时期最后一位主要哲学家，是德国思想界的代表人物。被认为是继苏格拉底、柏拉图和亚里士多德后，西方最具影响力的思想家之一。

于这里的第三条表述，则是经验派和理性派伦理学的一个综合。

学习康德的理论，我们可以感受到，这一表述意味着：道德律令并不是外来的强制性要求，也不是一个人对另一个（或另一些）人的要求，而是每个人自己的自发的要求，不论这个人地位多么低下，品质多么恶劣，只要他具有理性，即只要他是一个人，他就具有对自己颁定普遍道德律的能力，他就具有作为人的起码的尊严。

现在回到双脑世界秩序继续讨论，我们已经可以看到：人脑整体进步、电脑进步、社会大脑更进步，而多数个体的人脑退化了，"每个有理性的存在者的意志都是普遍立法的意志"的普遍性遇到了挑战。

双脑世界重塑了不同阶级的认知、情绪、意志的内涵，由于双脑世界的多数生物人已经习惯于偏好绑架，逃离认知绑架已经不再是他们的需求。这里，只有少数人尚继续保持着作为人类意识特质发展者的意志，如果我们还将其称为自由意志的话（相对于多数麻木的第二阶级来说）。这种意志显然存在并且不会被消除，仅仅是被多数生物人背离而集中体现在了少数第一阶级的新哲人身上。由于双脑世界丰富的物质均由智能机器提供，且同时社会大脑也给人们提供了一个最大限度地顺应偏好的愉悦精神世界，本来应该是我们的多数人变得更聪明了，然而事实上由于偏好绑架的存在，我们多数人的认知宽度却变得越来越窄、越来越笨了。

此时的大多数生物人，没有了需要从这个"心里的牢笼"里解脱出来的愿望。

唯有很少的一部分人仍然在寻找自己存在的意义，用一句简单的话来概括就是：只有少量的人类仍然保持着与众不同的灵魂。

新的问题来了，双脑世界的这些"与众不同的灵魂"，还会像人类历史上曾经的那些觉醒者一样"唤起民众千千万"吗？

21世纪的今天，我们不妨再来敏锐观察下这个正走向我们的双脑世界。

也许，突然有一天，其中个别人（受社会大脑绑架的生物人群体中的某些人）可能觉醒。这犹如洞穴里那个被困的人被释放了，他回过头来，看到了身后的火，以及通道上走过的人们。一开始的时候，他会觉得很疑惑，甚至不相信这些是真实存在的事情，因为他们从小到大只见过墙上的影子，也没见过其他什么别的东西。突然把他带出去，带到一个正常的真实世界中去，他会觉得头晕目眩。因为他从来都没有见到过这个真正的世界，眼前的一切都是陌生而令人怀疑的。他甚至从水里寻找倒影，来找到自己在洞穴中的感觉。后来慢慢地，他开始接受这个正常的世界。逐步觉醒的他，开始同情他之前的那些被关着的伙伴们，这时他也许想回到洞穴里，去解救那些伙伴。

然而，当他再次回到洞穴的监狱，他的伙伴们却觉得是外面的世界烧坏了他的眼睛，觉得他疯了。于是，觉醒的解救者遇到了一个解救困境问题：他根本无法说服他的伙伴跟他一起离开，他们也并不觉得他在解救他们，反而是觉得他疯了，此时，他们几乎没有一个人有需要从这个"心里的牢笼"里解脱出来的愿望。

笔者以为，双脑世界最大的特征是把这个山洞无限放大，并保证物质的充裕。人类以往的历史是一个不断战胜环境，不断争取物质而摆脱苦难的发展史。然而，双脑世界彻底改变了人类再发展的这个基础，也就是说人不需要再依靠"不断争取物质而摆脱苦难"，也就失去了觉醒所必要的动力。

于是，少量的仍然保持着与众不同的灵魂的人，不再承担唤醒者义务，而是转向了创造一个让大众更舒适更简单的物理世界与精神世界。

人和人最大的区别就是认知的不同，这也是阶级、个人价值、社会地位有差距的根本原因。生物人进入了一个再次进化的分化点。如同我们再次来到一个猿猴与猿人的分化点一样，双脑世界的生物人第一阶级与第二阶级分化点由此产生。

康德曾言:"每个有理性的存在者的意志都是普遍立法的意志。"也许现实生活中人生痛苦和超人快乐均与这自由意志认知相关联。人们在任何一个有连贯性的哲学探讨中,总要把其中有关行为的一部分看成整个内容的总结论。

现在让我们再沿着康德的理性到叔本华①和尼采②的非理性主义哲学思路来继续探讨下去,我们会发现:叔本华认为人是意志发展的最高产物,到了这个阶段,意志作为非理性的东西就会产生出自己的对立面。与叔本华不同,尼采认为世界的本体、动力不是生存意志而是权力意志,因而他提出伦理的基础不是对人生痛苦的同情而是超越。他们一个是悲观主义的低鸣,另一个却是乐观主义的高唱。叔本华叙说的是做人的痛苦、人生的艰辛,尼采却是憧憬超人的快乐、权力的诱惑。叔本华、尼采的哲学异曲同工之处在于:送走了神的世界,迎来了人的黎明。

然而,他们并未解决悲观主义与乐观主义之争的结局问题。

现在我们可以说,在社会大脑类心智的作用下,双脑世界第一阶级与第二阶级的分化说,让悲观主义者进入了一个极其舒适的第二阶级,从此不再存在生存的悲观;让乐观主义者进入了一个极其负责的第一阶级,从此不再存在权力意志的乐观。

这里的逃离绑架就是生物人的自我觉醒,逃离了第二阶级的新哲人们随即进入了第一阶级。

我们送走了单一生物人的世界,迎来了双脑世界的人机共生和谐的黎明。

① 亚瑟·叔本华(Arthur Schopenhauer,1788—1860年),德国著名哲学家,是哲学史上第一个公开反对理性主义哲学的人,并开创了非理性主义哲学的先河,也是唯意志论的创始人和主要代表之一。
② 弗里德里希·威廉·尼采(Friedrich Wilhelm Nietzsche,1844—1900年),德国哲学家、语言学家、文化评论家、诗人、作曲家、思想家。

共生的秩序 第二部分

169

第八章
构建类心智社会

多主体双脑社会结构，是智能世界个体选择性与集体分层演化发展的必然历史结果。

双脑世界奇特之处在于：社会大脑的出现，最终诞生了一个全新的非人智能体群体，出现了这个非常特殊的新阶级。当类人阶级这个特殊群体逐步壮大并独立承担起一定的社会分工时，显然它们已不再符合传统意义上的"工具"的概念，而是具备了一定的人机共生社会的特殊阶级属性，导致社会人内涵外延的变化，并开始冲击现代社会的"人"的概念。

双脑世界的人机共生秩序思考，最终体现或落实在了对社会大脑控制下的物理世界、生物世界、精神世界大集成的全新共同体生态体系构建的探索上。

这既是一种非现场经济意识，也是一个跨越人脑的类心智探索意识，一种人机共生社会的"多元多级一元论"哲学意识，一次高新智能时代东西方哲学融合再发展的讨论意识。

生活在"双脑世界"的人们，将不断地建立起更为进步的共性标准，并提升这个共识。

第一节　阶级占比的指向

阶级不是自然的产物，而是社会生产发展到一定阶段的产物，历史上或政治中引用的"阶级"意指具有不同身份，不同地位、财富、劳动形式、生活方式，或其他社会、经济、文化因素等，不同意识形态的多个社会性群体。

对于阶级的讨论，大部分学说都是建立在认为社会存在着分裂和对立的集团，并且集团之间的对立使社会处于持久的冲突之中的观念之上。

现代社会，提到"阶级"或"阶层"时，通常是指生物人个人或者集团对财富的拥有量，而不是指对生产资料的占有。通常不同阶级之间都存在压迫与被压迫的不平等关系，认为阶级产生的两个基本前提：一是剩余产品的出现，二是私有制的形成。阶级的本质在于它是与特定的生产关系相联系的、在经济上处于不同地位的社会集团或人群共同体。阶级的划分依据的是由人们在特定的社会经济结构中所处的不同地位和结成的不同关系。

不同时期，社会对阶级或阶层的划分各不相同。马克斯·韦伯认为阶级是由市场状况决定的，因此他将阶级划分为买卖双方，阶级冲突的实质是对市场控制权的争夺。他同时还提出了"地位群体"的概念，认为除了通过经济状况划分以外，还必须对相近的身份、荣誉、价值观、生活方式等有着自我认同才能形成阶级。

于是，所谓阶级就是这样一些大的集团，这些集团在历史上在一定社会生产体系中所处的地位不同，与生产资料的关系（这种关系大部分是在法律上明文规定了的）不同，在社会劳动组织中所起的作用不同，因而领到的自己所支配的那份社会财富的方式和多寡也不同。列宁① 告诉我们，阶级的标准是一个纯而不纯的"经济"标准。

划分阶级的最重要标准是生产资料占有关系，其次是其在生产过程中的作用和地位，再次是分配方式。前者是原因，后面两个是结果。列宁实际上向我们揭示了阶级社会的 3 种对立方式：就生产资料占有关系而言，人们可以被划分为所有者与非所有者；就生产过程中的作用和地位而言，人们可以被分为指挥者（管理者）和被指挥者；就分配结果而言，人们可以被分为剥削者和被剥削者。3 种对立方式的割裂则表明三者并非完全是一回事：其一，若生产资料占有程度有限，则原因和结果的现实联系可能表现得不充分；其二，第二种对立方式的根源是第一种对立方式，但后者并非是唯一的原因。第二种对立方式也可能是由"非生产资料占有"因素引起的，尽管这种情况并不能代表其主流。

人类的发展史，某种意义上讲是人的生物属性与社会属性不断较量的历史，人们一直在尊重生物属性与保障社会秩序这一矛盾里斗争。人类阶级社会是指以生产资料私有制为基础、存在阶级矛盾和阶级斗争的社会形态。在阶级社会中，人们的一切思想、言论、行动，一切社会制度，一切学说，都贯穿着阶级性。在社会历史发展的特定阶段，社会分裂为经济利益相互冲突、不可调和的对立阶级，社会自身既无力摆脱这些阶级对立，又不可能解决这些阶级矛盾。特定集团的人们，长期站在一定的阶级地位，即站在一定的社会生产地位，以一定的方式，长期斗争着，从而产生他们的特殊生活样式、特殊的利益，特殊的要求，特殊的心理、思想、习惯、观点和气派，及其对其他集团人们与各种事物的特殊关系等。

这就形成了人们特殊的性格、特殊的阶级性。在阶级社会中，人的阶级

---

① 列宁（Ленин，1870—1924 年），原名弗拉基米尔·伊里奇·乌里扬诺夫（俄语：Владимир Ильич Ульянов），著名的马克思主义者，无产阶级革命家、政治家、理论家、思想家。

性，就是人的本性。被统治者的反抗，往往会触及乃至颠覆社会结构，因而具有革命性。

综上所述，传统的阶级划分标准或依据主要是生产资料的占有非占有、掌管非掌管、剥削被剥削这 3 个要素。

当我们迎来了双脑的世界，特别是在社会大脑类心智日益成熟的影响下，这种人类阶级社会的阶级性和革命性遇到了前所未有的挑战。

现在让我们来到双脑世界，一起看看这新世界的各个新阶级，都将发生些什么变化。

第一，在双脑世界的生物人与智能体之间：生物人是生产资料的占有者，智能体是非占有者；生物人是生产资料的掌管者，智能体有时是掌管者有时不是；生物人是剥削者，智能体是被剥削者。当我们不再把受社会大脑控制的高智慧的智能体看成物理工具，而是把它们看成社会活动的主体之一，且这种劳动无须利益回报，那么按传统的阶级划分标准这就是一个完整的非占有生产资料的被剥削阶级。我们可以把它们划归一个阶级——第三阶级或类人阶级。

第二，在双脑世界的生物人与生物人之间：原本适用于人类社会的传统的阶级划分标准，如今很难再适用于生物人群体了。由于多出了一个光干活的智能体劳动阶级，生物人群体就整体性成为生产资料的占有者和剥削者群体，理论上讲生物人内部之间不再存在剥削与被剥削之说。那么，生物人群体内部是否就是一团和气，任由第三阶级操控一切？我们的答案显然是否定的！主要是因为：①社会大脑需要人的调控，②人贪婪的生物性缺点依然存在。

这种情形下，生物人群体只能分为两个群体：一个是社会大脑的调控者群体，进一步进化为新哲人；一个是不可能改变贪婪，只能退回到初级状态的生物人群体。

客观上，这首先是双脑世界的两类异质不同的主体，组成了一个人机共同体（生物人与智能体）。其次，此时的生物人开始了前所未有的大分化。多数生物人在自然本性和利益分配的驱动下逐步聚合形成了纯粹生物人共同体，承担起人类生生不息繁衍的重任。少数生物人则在自我反思和上帝责任的驱动下，逐步远离了生物人天性中种种的丑陋及人类社会发展进程中带来的资本与利益之争，进化形成了调控社会大脑的新责任型共同体，承担起人机共生的调控重任。

自此，生物人阶级再度分化，分为了两个阶级，人机共生共同体成为生物人分化为两个阶级的重要推动力。如果是这样，那么这两个阶级划分的标准又是什么？

由于双脑世界的社会大脑和智能体阶级的出现，特别是生物人的生活物质基础基本均由智能体供给，生物人之间不再存在生产资料占有的分别，更不存在利益导向的人剥削人的情形，双脑世界的生物人阶级划分标准遇到了根本性的变量因子。

显然此时就很难再沿用传统的阶级划分标准了，我们只能再回到"阶级"意指"具有不同身份，不同地位、财富、劳动形式、生活方式，或其他社会、经济、文化因素等，不同意识形态的多个社会性群体"中去寻找。于是，我们只能瞄准"不同身份、不同生活方式、不同意识形态"这个最基础的阶级划分标准。

即双脑世界的阶级可按以下标准划分：①生物人的不同身份，即是否参与社会大脑调控；②生物人的生活方式，即是属于享乐主义还是责任主义；③生物人的意识形态，即对人"之所以为人"的不同认知。

现在，我们可以把"坚持对人'之所以为人'的探索，并参与社会大脑调控的责任主义"归类为一个阶级——新哲人阶级，我们称之为第一阶级；把"不再坚持人'之所以为人'的探索，不参与社会大脑调控的享乐主义"归类为一个阶级——社会人阶级，我们称之为第二阶级。

这个阶级划分方式最大的意义在于：解决了人机共生和谐的最大障碍，这个障碍不是来自科技发展本身，而是来自人类与生俱来的自然天性。这个自然天性既包含真善美，也存在贪婪与凶残的动物本性。

双脑世界划分为 3 个阶级，实质是智能体介入时，生物人与生俱来的人性中的真善美与贪婪凶残的再度分离。

真善美，使得类心智得以在双脑的世界里自由地进化，贪婪与凶残统统被圈在了第二阶级内部。这些不良生物属性将不再是社会大脑及双脑世界整体进化的危害因子！

此时，双脑世界的阶级分化分别指向了：生物人（非充分理性民众群体）不再为争取舒适生活而残酷争斗；哲人（局部的责任理性民众）也不必担心生存基础，而潜心于对社会大脑的呵护与掌控。

这里需要说明的是：这不同于网络共产主义。阶级社会不再是人的专属，人的阶级斗争也被圈在了特定的第二阶级内部，与整个人机共生社会的和谐发展做适当隔离。这种隔离不是人为强制产生的，而是生物人在生物天性的支配下，从不同生活目标选择开始，伴随着两个不同阶级的逐步分化，慢慢形成了某种生物人天生欲望的隔离。于是，生物人的某些不良天性被锁在了单纯的社会人独立世界里，双脑的大世界里的智能科技则再次得以大发展，社会大脑得以快速健康发育。

此时，双脑世界的生物人人口开始呈现出了下降且寿命延长的良好趋势，三大阶级占比也随之进一步拉大。现在，我们可以大胆推测，伴随着双脑世界的进步，将出现以下情况。

合格的第三阶级将迅速壮大。预计至 2030 年，具有独立行动力的智能主体阶级将突破 20 亿（不包括小智能体或单性能人工智能产品），随着社会大脑的进一步发育（技术进步与智能体数量质量提升），至 2040 年突破 50 亿，2050 年突破百亿。

第二阶级数量将先扬后抑。我们推测：2030 年生物人阶级将突破 80 亿（包括第一阶级的总人口数）。第二阶级（社会人阶级）的数量将达到 56 亿。2040 年前后开始出现回落，可能会回落至 58.5 亿，2050 年回落至 60 亿。后续的时间，这种回落趋势加快，估计在 200 年左右的时间内，全球总人口将会降至 24 亿左右的人机数量平衡点水平（智能体将弥补这个人口空缺）。

双脑世界这个最为关键的第一阶级，总量将会持续回落。我们推测：2030 年新哲人阶级将占总人口数的 30% 左右，即大体在 24 亿左右。至 2040 年将回落至 19.5 亿（占总人口数的 25%），2050 年回落至 15 亿（占总人口数的 20%），后面的时间就会加速回落。预计在 200 年左右的时间内，全球总人口将会降至第二阶级 23 亿、第一阶级 1 亿左右（占总人口数的 4% 左右）的三大阶级力量的新平衡点。

注意：这里的预测依据或标准，并非是单纯的人性演化分析或技术主义模型的实证推导路径，而是对地球承载力与人文社科发展趋势分析后的哲学思辨推论。

社会大脑的快速发育，打破了原本单纯生物人的社会结构，身份概念在社会大脑里开始消退，人机一起受制于社会大脑类心智的超越之力。

这种人机共生社会结构的演变，也必将推动生物人口结构的变化。

社会大脑不再是一个隐喻，而是一个人为创造出来的实体脑。

第二节　类心智模型的构建

通过前面的章节讨论，我们已经可以感受到：导致双脑世界社会结构与经济结构发生重大转变的基础原因之一，是智能科技进步引发的社会大脑的快速发育。

于是，双脑世界人机共生社会公共操控问题也就聚焦在了社会大脑之上，社会大脑控制权的争夺，也就不可避免地成为各方力量博弈的焦点，最终决定了社会大脑类心智的健康与否。

我们知道，智能体是社会大脑的主要脑细胞或神经元之一，脑细胞的大面积坏死，将直接导致脑瘫。因此，智能体的健康非常重要，生产怎样的智能体，智能体的主控权掌握在谁的手中等，成为新时期人们最为关心和关注的问题。

这种争夺最早表现为直接的智能体产生与控制之争。

在双脑世界初期，生物人对智能体研发的动力，主要还是来自经济利益与地缘政治，随着智能科技和智能体的进步，这种人类争斗将逐步进入一个恶性的顶峰时期（甚至不惜动用战争手段）。只有当智能体的研发与集成超过了一个临界点，情形才开始出现大反转。

此时，智能体竞争的冲突达到顶峰，人类面临共同的问题，其研发动力也转变为：共同体责任导向。在共同的风险面前，不同地区、不同民族不再停留在地缘利益或本民族利益层面的恶性竞争中，而是自觉地分离出了一批新哲人，这个全球化的第一阶级将毫不犹豫地站在一起，此时的第一阶级不再是单纯的人类社会的精英阶层，而是从个体的心智修行者进化到了社会大脑类心智的集体修行者。

生物人的阶级分离与第一阶级再度的团结，经历了一个相对漫长的智能体争夺痛苦期。

社会大脑之争看似是一个智能体垄断问题，实质是社会大脑垄断控制的问题。

在这里要特别提出，我们应警惕前期的资本介入智慧共享体系。我们应该认识到：初期对智能体的争夺，不同于传统的互联网的经济垄断，只是利益层面的垄断，而是由谁掌控将决定社会大脑的健康与否。资本介入创新在短期看，其推动力会很有效，很容易推动智慧共享体系初级阶段的形成，但从长远看会造成重大的社会灾难。因为资本贪婪的天性决定了它的介入很容易造成对社会大脑的众多智能体的垄断。这种由资本通过超级科技企业对脑细胞的垄断，是极其危险的，恰恰是社会大脑的癌症源，将直接影响到社会大脑的健康发展，关系到第一阶级与第二阶级的分离进度，最终导致人机共生社会秩序的控制权旁落。

我们可以试想下：当社会大脑被非充分理性的第二阶级所绑架，非充分理性群体受到极度偏好的心理预期趋同的影响，当这个群体偏好行动一致性的情形出现时，那就将导致智能体联动的全球性"踩踏事件"的可怕场景出现。事实上当下的现实社会，多数的统治者、财富拥有者，无不设计利用这个无边境的"极度偏好下的非理性踩踏事件"特性来引发政权或财富的更迭！

我们的答案是显而易见的：加速推动智能科技发展，不断研发出各种不断迭代的新智能体，尽一切可能快速度过这个不可避免的人类冲突的阵痛期。以超级多智能体的无疆界集成，促进不同区域、不同民族的新哲人们自觉走在一起，共同面对全球范围人类集体的新挑战。

这是一个全球人机共生社会新秩序的构建过程，一个人机共生伦理的自我教化与自我治理的进化过程。人机共生秩序的构建是一个复杂而漫长的过程。

世界如此未知，我们的现有认知又如此低下，我们还有什么理由害怕科技进步？！

人们在以往的智能工程实践过程中，最简单的办法就是把智能体放在人类的从属地位，一个服务于人类的人工制品而已，最多是将其当成人类与自然共同指向的一个客体来观察。因此，有不少人寄希望于算法植入伦理的方法，设置诸如"对人类没有伤害"之类等规则性的机器伦理。

事实上，任何试图在人工制品智能体中植入机器伦理程序的做法都是极具风险的。一旦计算机程序的运转超出了程序员的预期和控制，我们将无法确定这些程序运行的最终结果，这就意味着人工智能体发展到高级阶段不是某个最初的程序设计员所能掌控的。因为超级智能是多方面的，包括机器与机器的知识传递及知识与任务的涌现，届时的智能机器能动员各种资源来实现人类可能无法理解的目标，没有任何算法可以绝对肯定地做到这一点，也就是我们将无法再依靠简单的设置限制来实现人工智能体对人的伤害或对世界的破坏。

也许有人会提出，当人工智能体出现破坏世界的倾向或行为时，可以切断它与部分互联网或某些网络的链接来阻断这些破坏。这种局部的或被动式的方式最多属于紧急救援，无法解决整体性和根本性问题。

试问：如果我们没有良好的路径来解决人类无法解决的问题，那为什么还要创造它呢？

众所周知，律令是规范的最高形式，规范则是建立在道德的基础上的，而道德则是伦理的集中表现。面对这个困境，有很多人也就理所当然地倾向于把人工智能和机器人的监管治理委托给法律。

笔者认为，人机共生新秩序和共识伦理，不是单靠法规制定出来的，不论是全新的伦理还是人机共生法规律令，均不是单靠单一人类臆想而制定出来的。在这些新兴科技自身尚未获得充分认知，对个人和社会的冲击尚未成形的时候，讨论怎么立法，靠什么法律监管，这是根本无法做到的。

人类社会理论基本围绕人脑、人脑心智、个人行动、社会行动，以及认知、生理、情绪、价值观养成等人脑心智组成而展开。

当我们迎来双脑的世界，这些单一人脑和单一生物人的社会基础，通通被打破，生物人再也无法独自处理自己内部的问题。

从技术发展角度来说，当其引发的问题还没有出现的时候就武断立法，往往是限制性的，甚至很可能会直接扼杀对国家工业、军事、民生产生重要影响的技术突破，导致智能科技发展缓慢或无法继续发展，客观上却延长了上述讨论的"人类开展的智能体恶性竞争的痛苦期"。

人机共生秩序规范的形成，与社会大脑类心智的培育相关联，这是一个自我演化与逐步教化融合的进程，这里的伦理共识形成进程，与社会大脑的健康发育息息相关。

我们倡导的双脑世界秩序研究是从人机共生认知的原点出发，进而推动无疆界的生物人群体在社会大脑环境里的阶级分化，社会大脑发育与保护的实质就是：确保在社会大脑中不间断地存在"天生带有人类基因自然人脑"的参与，且对于客观存在的"人脑天生带有人类缺点"能做出适当隔离。遵循的原则是：从人工智能及人机共生机理的全新认知出发，即新世界认知—社会大脑—阶级划分—对应伦理—对应规范—对应律令，这样的路径来研究问题与解决问题。

具体的工作方式则是从双脑世界全新的阶级划分着手（对双脑世界"阶级划分"的理解也是从体用关系与觉醒行动开始），以生物人大众分阶级的认知觉醒力及其分别对应的伦理、随后跟进的新法律（这里特别指出不是预设性的规范与法律，而是随后出现的全球性保护社会大脑的法律）建设，来实现人机相互制约共同体生态机制的产生。

因此，人机共生和谐世界的构建，我们必须从新一轮的 3 个阶级划分这个基础认知原点出发。否则，人机共生社会治理也就无从下手。

我们的人机共生思辨基础为：双脑世界里"比人脑有高一万倍智能"的不是，也不可能是单一电脑（不论是广义还是狭义的电脑，包括未来的量子电脑），而是日益发达的智慧共享体系。它是由各种科学技术及其产品应用与人类智慧集成现象（物理、生物、精神三大世界的集成），形成的一个人机共享的社会大脑，最终出现了人机共生社会特有的类心智现象。

正是这个类心智现象的出现，使得我们人机共生伦理的共生形成拥有了基础的萌发点。

于是，我们观察生物人、智能体与三大世界集成关系及其机理探索的认知，也开始建立在了社会大脑类心智认知探索的这个基础上。

所谓社会大脑基础上的类心智，是指由很多不完全具备思维能力的智能体与具备思维能力的人脑，通过数字链接与集成，表现出一种新的类心智现象。

类心智社会，是指由众多不具备独立完整思维能力的多智能体（绝大多数属于弱人工智能体），通过社会大脑这个特殊工具与众多异质人脑结合起来，集成产生了类似人脑心智却又超出人脑心智的全新社会意识、精神与自我感知的认知能力总体，进而构建起全新人机共生的社会结构，这就是类心智社会。

从这个角度讲，科学技术高速发展诞生的非现场经济文明社会，是一个类心智主导的社会。

于是，我们探索任务相应地明确了：以保护社会大脑健康发展为基础，研究社会大脑机制与类心智现象产生、演化路径等的全新认知体系。

通过实践分析，我们明白：一方面，每个单独的智能体是无法实现超越人脑功能的；另一方面，即使未来单体智能体超越了人脑，但社会大脑也是同步进步的。换句话说，再智能的智能体也无法与包含自身在内的亿万个智能体集成功能相比。于是，各智能体相互之间是如何链接调用的，以及与生物人脑又是如何互动的，其中的局部交互是如何联系在一起来完成整个集成任务的，成为我们要探索的关键点。

现在再让我们回到人机共生社区生态模型示意上来（注意：这里的社区概念不是社会学层面的，而是哲学层面的共同体概念）。我们从图 8-1 中可以看出：主智能体是由第一阶级与第三阶级不断生产，为我们提供了大量的可知或不可知的活性智能体，承担起了社会大脑的基础任务。注意：由于允许主智能体的可知或不可知特性，这里可以植入设计者的伦理即机器伦理，也可以不植入，这不是核心问题。

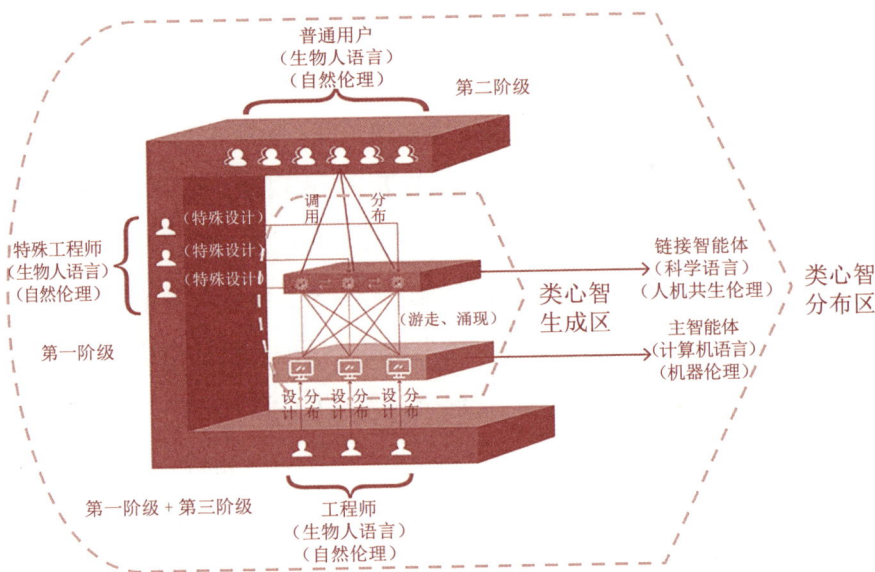

图 8-1　三大阶级人机共生社区生态模型

在这基础之上，各主智能体或智能体群组之间出现了相互的协作需要，于是第一阶级的哲人们又设计生产了大量的小型链接智能体来完成这种需要。此时，主智能体协作中的需求与冲突就有上移的倾向，主智能体无法关注或实现最终的结果，于是这个小型链接智能群组开始发生作用，它们不但关注与其相关的智能体在干什么，还得关注这些主智能体某些联动的实际行动效果与后果。

特别注意：这里的链接智能体的设计者的伦理就不再像机器伦理那样可有可无，而是必须植入，这是人机共生伦理的根本。

主智能体集成带来的责任穿透阻挡就此转化为第一阶级哲人们通过链接智能体的设计展现出来的集体伦理体现。从而，我们也就不难看出 3 个阶级划分的意义所在：人机共生伦理的核心保障，只能来自第一阶级的新哲人。

第一阶级与第二阶级的划分，实质是把生物人的天性中的缺点与链接智能群组隔开。

第三阶级不再由第二阶级直接控制（只能是使用者），并同样必须与第三阶级链接智能群组隔开，以防止智能体脱离哲人阶级而脱单或控制人机共生伦理的形成。

这里的隔开不是切断链接，而是不得参与到链接智能群组的开发、生产与直接调用中。思天道，人也。所有的问题最终都是新哲人想做什么，新哲人共同修行的社会大脑类心智的心灵塑造问题。

我们在社会学层面主要在于揭示构成社会空间的主体结构，并倾向于确保社会空间的变革机制。而在哲学层面则更关注其中的本质与动因。在这一点上讲，它更接近于心理学的心智理论。但是，人机共生社区模型与人们通常所理解的生物人心理学有非常大的不同。这里的心智不再是单一人脑基础之上的心智理论，而是一个人机共生特有的类心智现象，它生存于社会大脑基础上，分布于整个人机共生环境之中。

上帝复活了，这个上帝正是人机共同创造的：在天生带有人类基因及在优秀生物人脑不间断地干预下的社会大脑基础上的"类心智"（见图8-2）。

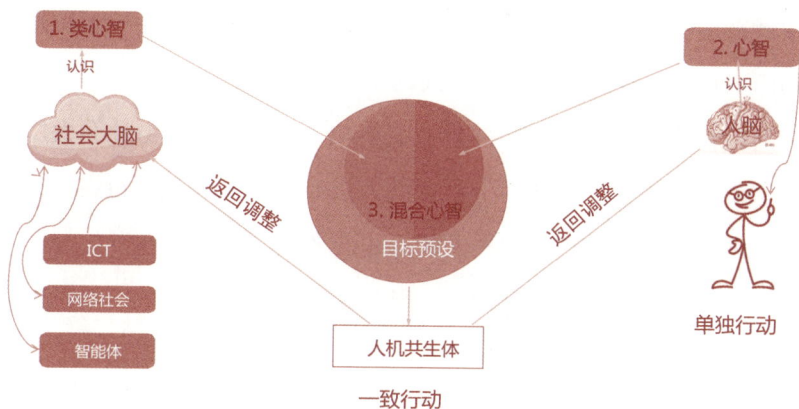

图 8-2　心智与类心智关系示意

双脑世界的阶级分化从第二阶级社会人中的教育成功者开始，这批教育成功者率先进入了第一阶级，成为最早的初级新哲人群体。他们在人性善恶、算法欺骗与算法垄断中斗法，不断地逃离社会大脑的绑架，却又能积极能动地正向干预社会大脑的演化，从而开展了社会大脑类心智修行的集体行为，进而确立起了"保护社会大脑真善美"的共识，确保了人机共生类心智发育的健康。

不同阶层的善恶认知因阶级不同而不同，不同阶级具有不同价值观念，这不单是因为个体认知与责任的不同，而是存在不同个体中的共识的不同。

此时，所谓的教育目的，不再是增强生物人个脑的记忆力与掌握更大量的知识，而是新哲人的创造力及双脑世界"之所以为人"责任担当的异体共识的培育。

在其后的相当长的时间里，第二阶级社会人中会不断产生新一代新哲人。

也就是这样的阶级分化，使得生物脑的进化也开始分道扬镳。经过更漫长的双脑进化过程，第一阶级的生物大脑进化成与当今人脑完全不一样时，那么第二阶级不再有资格向第一阶级输送"精英"，第一阶级需要不断解决自己的内部教育问题。那时，只会出现一个反向输送的现象，即第一阶级的教育失败者被退回并入了第二阶级。也许，人类进化进程将会再现猿猴与猿人分化的历史点，最终进化为两个不同的生物物种。

最终只有生物人的一支，才能真正走向：新哲人心智与社会大脑类心智和谐的非现场意识。非现场经济社会的人机共生关系与秩序也将始终掌握在生物人手中，从而确保双脑世界发展的和谐之善。

第三节　多元多级一元论

著名哲学家叔本华在《人生的智慧》一书中曾经说过："一个人的人生历程，无论从表面上看是多么的杂乱无章，其实却是一个自身协调与和谐，有着确定方向和启发意义的整体，几乎就像是一部构思极尽周密的史诗。"叔本华觉得人生之路就像是史诗一样，是我们从一出生便被"编剧者"编写了的，就像天上的日月星辰一样按照既定的轨道运行。

纵观世界哲学史，几乎所有的人都在寻找这个"编剧者"，并各自给出各自的答案。既有诸如上帝、神、上天、图腾、祖宗等超自然力量观点；也有诸如自我、意识、"心"、唯识等超我力量；当然更有诸如科学、环境、宇宙规律等客观唯物主义观点。

科技进步在不断拓展我们认知边界的同时，也总会让我们在新的认知环境中找到不断出现的新问题的解决方法，这不是我们仅凭现有认知或知识就能臆想得到的。

通过前面章节我们从智能世界认知讨论到人机共生秩序构建，大家会发现，当我们进入了双脑的世界，我们的三大阶级也同样不可避免地经历着由某个"编剧者"预先勾勒出来的活动过程。那么，这个双脑世界的"新编剧者"又将是谁？

历史的发展，科学的进步，谁也阻挡不了。

这种科学进步的审慎乐观，并非是基于技术中立或技术膜拜，而是建立在新知识认知基础上的一种我们尚未完全掌握的全新科学方法的探索上。

历代哲学家花大量的时间在深度研究人脑与人性的关系，试图找到生物人心智。然而，在双脑的世界里，我们试图找到的不再是单纯的生物人心智，我们得去试图找到智能体与人心结合的社会大脑之心——人机共生环境下的类心智。

通过不断地对人机共生机理的思索与探索，我们至少对其中的一些基本情形已经清楚：科技发展规律与人的主观能动性在共同进化。不断进步的人的知识与不断涌现产生的机器知识不断集成，支撑起了社会大脑的发育。人机共生的双脑世界社会，也就建立在了 N 个生物人脑与一个社会大脑的协调作用上。

于是，我们的人机世界哲学思考也从经历了还原论到系统论到集成论再到本体论（分别的哲学本体论与计算机科学本体论）的思辨路径。

因此，我们也就不应该也不能直接拿以往哲学家各自的"编剧者"认知或某一个结论来解释新世界的新"编剧者"。

我们以为：解决人机共生和谐秩序的最大障碍，不是来自科技发展的本身，而是生物人与生俱来的天性，这个天性里既有与生俱来的真善美，也有贪婪凶残的动物本性。正是这些本性善恶，遇到了双脑世界物质极大丰富与生活的极大舒适之后，使得生物人中的绝大多数，自愿地停留在了第二阶级内部，也在不经意中与社会大脑调控机制逐步隔离了。

一方面人们越来越离不开社会大脑，另一方面人们也在深度依赖中不知不觉地被社会大脑所控制。深度依赖同时尚存的理性，成为第一、第二阶级分化的标杆，依赖与责任的矛盾，开始成为生物人发展再进化的主要动力，最终导致了生物人群体两个阶级的分化。

讨论到此，我们可以知道，社会大脑已经成为双脑世界人们心智延伸的归集之地（也可称之为泛在脑的集结地），双脑世界全球范围三大阶级的价值观也在这里汇集。并在社会大脑功能与类心智的催化作用下，第一阶段内部的价值也逐步开始趋向整体性的大同。

生物人的不良天性被隔离在第二阶级，这样做的目的是为了什么呢？

人之善延伸到了社会大脑，人之恶被隔离在外。

去除了生物人天性中的不良，此时建立在社会大脑基础上的"类心智"，就显得格外的干净清澈。这是人脑心智从来就没有过的！

双脑世界的三大阶级在社会大脑里逐步实现的价值趋同，是一个渐进的动态过程。

首先，最快趋同的是第三阶级（机器智能体群体）。由于不具有直接利益的同质化属性，这个阶级的世界性趋同比较好理解，我们从万物互联与源代码开放等的发展进程中，已经可以感受得到这种趋势。

其次，是第一阶级的形成与价值趋同（哲人群体）。由科学技术引发的种种挑战，不是哪个国家、哪个民族的问题，而是全人类将共同面临的问题，也是共同的风险与责任，让不同国家、不同民族的新哲人们自觉走到了一起，形成了一个全球化共同承担培育"上帝"责任的新阶级。

最后，也是最难的阶级趋同，即第二阶级（生物人群体）的价值趋同。由于生物人的自然天性中带有劣根性，基本不可能根除，加之双脑世界又极大地满足了人的自然天性，此时，双脑世界的生物人阶级依然存在、剥削也依然存在、生物人利益争斗依然存在。这样的第二阶级（生物人群体），如果我们希望他们能类似第一阶级第三阶级那样的全球趋同，那是十足的理想主义，基本不可能。

双脑世界的三大阶级划分，意图将生物人群体的真善美与贪婪凶残进一步分离，使得生物人的真善美，得以在双脑的类心智世界里再度自由地进化；生物人与生俱来的贪婪凶残及资本利益追逐等恶性，我们无法彻底消灭，那就让它留在生物人群体内吧。

于是这些人类天生带来的一些属性，只能统统被圈在了特定的第二阶级内部，与整个人机共生社会和谐发展的调控机制做适当的容忍与隔离。

第二阶级的世界趋同是指相对于第一阶级第三阶级的整体趋同，第二阶级内部的生物人还将存在着以地方性知识为基础的不同国家、不同民族、不同利益群体的竞争，这里仅仅是弱化了原本利益阶级斗争的惨烈程度，并把这种不良竞争圈在一个相对于整个人机共生环境的特定范围之中。

这种第二阶级分离的进化，开始有一个特殊阶段，即第一阶级与第二阶级的混合阶段，这个阶段的第一阶级成员基本均来自第二阶级的觉醒者，第一阶级的后代也绝大多数可能再回到第二阶级，两者之间在人类新进化进程中不断地交替。这种跨阶级的反复交替，将会僵持一个漫长阶段，直到第一阶级在全新环境中完全能去掉生物天性中劣根性的那一天，也许两个阶级就此各自进化成两个不同物种。

笔者以为，这个时候，人类再次迎来了进化进程中的岔路口，只有少量的生物人，依旧朝着宇宙中人"之所以为人"道路继续前进。

生活在双脑世界的人们自我培育或觉醒，关键在于逃离绑架。

至此，关键的问题来了：一些生物人是如何在第二阶级内部自我觉醒的，或如何培育后代从第二阶级中脱颖而出，以觉醒者和责任者姿态走向第一阶级？

这里的逃离绑架是双维度的，即逃离社会大脑的绑架与逃离第二世界的生物人不良天性的绑架，这两个维度是同时展开的。

逃离社会大脑绑架，不是消极躲避而放弃对社会大脑的使用，而是指不完全受社会大脑控制，并不甘愿做智能体的奴隶。

逃离第二阶级的生物人不良天性的绑架，是指不被一些生物天性属性所绑架，不因为极其舒适的智能世界而成为低欲望群体。而是基于自我敬畏生命的兼爱理性，努力使自己或后代摆脱第二阶级的惰性困扰，逐步开始向责任型的第一阶级迈进。

自人类社会诞生以来，从古至今，人们一直在努力试图推进"壮大善，减少恶"的"人脑向善"进程。然而，几千年来的残酷事实证明：至今，我们人类仍无法彻底消灭自身天性中的"不良"，不论是我们的教育采取何种方法，我们能做到的仅仅是尽力去减少或遏制这些天性的"不良"。

中国传统儒家思想坚信人不是孤立的，而是具有社会性的，或者说人的本性或本质是由其社会关系决定的。可是，由于社会大脑的出现，这个原本的人类社会关系被彻底推翻，我们迎来了人机共生的全新社会关系。虽然我们仍然无法彻底消灭人性的"不良"，但我们可以从社会大脑层面实现自觉隔离，让人天性中的"不良"，只留在人脑和单纯的人的群体之中；而让人天性中的"善"，则无障碍地全部延伸到社会大脑，并在社会大脑里进一步壮大这种"善"的天性。

这是科学技术进步与人类社会整体进步的历史必然。

不同生物人主体、不同智能体、不同事物，多元共存、多层级交互，最终均归集于社会大脑基础的类心智这个一元之上[①]。

今天，我们迎来了这个社会大脑，迎来了人类数万年进化与宇宙运行规律共同创造出来的一个不断优化的"社会大脑"，也就迎来了人机共生共同体集体向善的机遇。

这就是人类脑智的延伸，也是人机共生共同体集体向善的保障所在。

现在我们可以下一个结论：双脑世界的"编剧者"就是在社会大脑里生成的这始终向善的"类心智"。

"上帝"复活了（指哲学层面上的"上帝"，非宗教意义上的）。

这个"上帝"就是超越了生物人心智，在全球化的社会大脑基础上培育起来的人机共生"类心智"现象。

这样的发展思辨结果，让我们意识到：双脑的世界发展，本质是在持续不断地完成着"多元多级一元"的社会结构一元塑造。

"多元多级一元论"的"多元"是指：双脑世界结构和各主体存在着多元平等的特性，不同的自然物、人工制品、自然生物、生物人及多社会形态等均归属于不同的各自共同体。

"多元多级一元论"的"多级"是指：双脑世界存在着各主体之间（包括各阶级）的多层级立体特性，观察与分析主体间特性时，我们不再停留在单一层面的思维范式上。

---

① 受成中英教授（美国夏威夷大学哲学系教授）的"多极对偶一元论"论述启发。参见：杨成寅. 成中英太极创化论 [M]. 杭州：浙江大学出版社，2012.

"多元多级一元论"的"一元"是指：从观察人、机、自然分别的局部与局部、整体与局部、整体与外部共生环境之间的有机联系出发，推导出双脑世界各组织最终均归集于人机共生共同体日趋同一的整体价值体系，这些价值观均指向了人机结构体和谐的类心智。

这就是我们关于人机共生社会的"多元多级一元论"的认知特征。

"多元多级一元论"是还原论与一般集成论结合的一次实践哲学尝试。

第四节　非现场经济的本质

英国经济学家、哲学家亚当·斯密（Adam Smith）曾在其著作《国富论》中有这样的阐述，"经济参与者受利己心所驱动，而市场上这只看不见的手指引这种利己心去促进总体的经济福利"，"每个人都不断努力为自己所能支配的资本找到最有利的用途。当然，他所考虑的是自身的利益。但是，他对自身利益的关注自然会，或者说，必然会使他青睐最利于社会的用途。这就像'有一只无形的手'在引导着他去尽力达到一个他并不想要达到的目的"。

亚当·斯密认为，看似杂乱无章的自由市场实际上是个自行调整机制，自动倾向于生产社会最迫切需要的商品种类和数量，通过"看不见的手"能够实现资源的最优配置。

亚当·斯密还阐述了分工在一国财富增长中的核心作用，特别是在国际贸易领域，各国通过分工形成了各自的优势，通过相互交换可以增进彼此的福利，实现经济的增长，这便是其著名的绝对优势理论。亚当·斯密认为，分工的出现是由个体人才能的自然差异造成的，起因于人类独有的交换与易货倾向，假定个人乐于专业化及提高生产力，促使个人增加财富，那么，这个过程将扩大至整个社会生产，私利与公益实现调和，最终促进了社会繁荣。

亚当·斯密的经济学思想在经济学发展历程中处于非常重要的地位，一直深深地影响着古典经济学、新古典经济学、现代经济学的发展。

今天，我们重温亚当·斯密的经济学思想，却不知不觉中来到了智能时代——一个双脑的世界。

这个人类自身的进步与不断发展的外部环境合作集成时代，其成果逐步集中或落实在了社会大脑的发育之上，物理世界、生物世界、精神世界集成，构建起了非现场经济新文明生态。

非现场经济文明的本质是人机关系的问题。在双脑世界，资源配置不再是自然直接的利益或分配，不再是人脑的直接支配和掌控。换句话说，这"看不见的手"不再是存在于单一生物人社会里，而是存在于人机共生社会之中。

人机共生社会的分工脱离了单纯的生物人社会，利益或规则的无形之手逐渐失去其功能，而和谐向善的社会大脑及此基础上的人机类心智，承担起"看不见的手"的职能——实现双脑世界的资源最优配置。

非现场经济表面上看是人的社会活动形态开始出现现场与非现场的分离，实质上则是整个社会系统性的分离。这一切的一切，源于打破了人类社会既有的财富取得与财富分配模式。

此时，"利益决定于分工"及"通过相互交换可以增进彼此的福利，实现经济的增长"的基础条件被完全打破，不参与分配的智能体群体（第三阶级）大量涌现，直至几乎全部替代分工的劳动。

双脑世界资源最优配置的动力发生了根本性的转变，原本单一生物人社会的"利益、交换、才能差异、分工、节俭"等驱动因子已经不复存在。

智能革命也拯救了生物人社会的地缘对抗，巨大的地缘对抗成本（包括军备经费）也将转化为民生福利，人类发展历史上最大的节俭行动开始了。

双脑世界的现场与非现场，开始脱离了地理空间与直接的人脑束缚，整个社会经济也就逐步脱离了现场的局部利益及巨大的权利——或者说，都被一个非现场的物体所控制，被某种技术自增强、互补性的效率调控了，它的规律不再受现实要素影响，而是被一种共享智慧体系的自身增长力所控制，这是一种由深度依赖而引发的实质控制。

科学发展一方面加剧本土主义，另一方面，我们也应看到数字穿透不可阻挡，导致数字全球化，最终导致了全球分配方式与统治方式的转变。

人类文明演进的浩瀚历程中，呈现出了多姿多彩的文明；文化与经济关系的不断演化，使社会经济形态随历史时期的改变而改变。

市场经济本质上属于个脑心智下的交易，决定了个脑集合体集团的利益博弈。主要以货币为媒介，以物质权力分配为主要形式。

非现场经济本质上属于社会大脑类心智下的配置，确保了人机共生体的多层级需求平衡。主要以数据为媒介，以能源合理配置为主要形式。

我们最终希望阐明：非现场经济的本质，或智能经济的本质，是现场资源配置转化为了非现场的资源配置模式（能源成为所有资源的结合点，资源分配集中表现为能源分配）。这种人机协同的资源配置方式的转变，摆脱了单一生物人社会的经济发展模式，隔离了人类长期以来利益分配的主导意识。

非现场的资源配置将不断地顺应着人机共生共荣秩序和谐的进程需求。

于是，我们的双脑世界的研究范式也逐步清晰起来，彻底抛开生物人社会利益分配的基础思维方式，开始指向了社会大脑的类心智健康这个原点，并自觉遵循着我们自定义的社会大脑演化及双脑世界治理研究六大定律，展开各项研究工作。

六大定律，或称智能世界发展六大定律，是我们自定义的在双脑世界社会秩序研究时的基本守则。

定律一：几何进步。 促进科学技术发展环境持续优化，科技进步几何式增长与集成共享成为必然。科技进步与非现场的强现场发展是历史必然，谁也阻挡不了。营造科技发展环境是双脑世界健康发展的必要条件，我们的科研、政治、经济、商业等所有活动都将围绕或顺应这个发展基础，一切阻碍科技进步的逆人类发展历史行为，最终都是暂时的、失败的。

定律二：认知隔离。科技的不断进步，人机认知边界不断被突破。我们在欣喜地迎接无法预判的未知世界，我们不知道会发生什么，但我们却可以对已知的危险做出能动性反应，从一开始就采取主动展开智能体的"脱单隔离"与生物人自觉的"分阶级认知隔离"行动。

定律三：生物主导。生物人特有的主观能动特征，决定了生物脑主导双脑世界这个特殊历史进程的必然。由于社会大脑天生带有人类智慧的基因，生物的新哲人也将不断地形成共识，主导、修复着社会大脑类心智的集体向善。

定律四：节制服从。人机协同通过社会大脑，自觉节制于地球资源、能源资源。双脑世界的社会结构与社会行动也将通过人类心智的良知自觉服从天道、宇宙之道。任何违背或对抗人机共生世界赖以生存的基础，其结果和代价是人机共同的悲惨。

定律五：自我修复。大自然具有自我修复机制，生物体具有自我修复机制，社会大脑同样具有自我修复机制，人机社会更具有自我修复机制。失误代价仅仅将是所有自我修复的成本。人机共生秩序在螺旋式上升路径中，最终走向了类心智的健康与人机和谐之美。

定律六：共生共荣。几何进步、认知隔离、生物主导、节制服从、自我修复五大定律再集成的共同作用下，使得人机共生的双脑世界必然走向了：美好的和谐共生（人、机、大自然三者）与三大世界（物理世界、生物世界、精神世界）的集成繁荣。

这是一次技术与觉醒关系的意识梳理，原本的个体灵魂与躯体分离，个体得以升华，工业革命带来的民主自由思维保障这种个体升华。如今的智能世界，再次保障了灵魂与躯体进一步分离，躯体将更加充分自由，而自由的一部分灵魂却在社会大脑集中，并与机器知识融合，诞生了集体的人机环境特有的类心智现象，这种现象确保了人机共生的集体升华，使得"和谐"思想下的制度优越性得以彰显。

从我们提倡的社会大脑演化研究六大定律可以看出：智能科技创新所带来的风险，属于人类发展与治理的综合性社会问题，不能单纯依靠科技工作者的技术思维来解决问题，更需要人文社科工作者承担起主要的责任。双脑世界的新哲人开始预设人机共生和谐秩序的目标，并通过管控链接智能，适时干预社会大脑涌现的特定条件（并非所有情况下都干预涌现条件，只有在新哲人察觉社会大脑类心智会受到不良影响时）。以社会大脑里的涌现最优来实现类心智的健康。反过来健康的社会大脑类心智，又影响着新哲人敏捷地调整预设目标。同时，健康的社会大脑类心智也可通过直接干预链接智能体网络的结构，来保障社会大脑的可持续健康发展。于是，健康的社会大脑类心智模型也就逐步建立了起来（见图 8-3）。

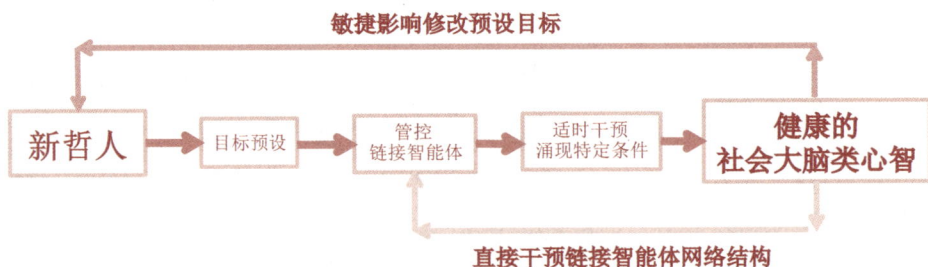

敏捷影响修改预设目标

新哲人 → 目标预设 → 管控链接智能体 → 适时干预涌现特定条件 → **健康的社会大脑类心智**

直接干预链接智能体网络结构

图 8-3 社会大脑类心智模型

这是建立在智能世界六大定律基础上的自觉意识，是一次"还原论"与"集成论"的融合探索历程，一场新环境下的个体与集体关系的哲学反思。

生活在非现场经济文明中的新哲人们，不断地修正科学技术与社会哲学的关系，不断地追求人"之所以为人"的真理，坚守着尊重生命和体验生命的意义，不断地建立起更为进步的共性标准或提升这个共识，持续地诠释着新时代的全球"幸福和谐"的内涵。

绑架与逃离，只有少数的生物人逃离了社会大脑的绑架，而成为社会大脑的实际调控人和类心智的集体修行者，承担起了确保社会大脑健康发展的义务，履行着智能体被完全控制在社会大脑上的责任。

这里需要特别指出的是：逃离绑架是生物人群体话题，即社会大脑的绑架逃离仅仅局限在第一阶级与第二阶级范围内讨论，而不包含高智能体群体（第三阶级）。对于第三阶级而言，指挥并管控着所有高智能体的一切合理行动，只能是第一阶级的社会大脑集体向善之力。第三阶级必须也只能牢牢控制在社会大脑之上，严防其在社会大脑出现丝毫的脱离事实的倾向，这正是第一阶级进化最大的动力、义务、责任与意义所在。

社会大脑的发展进程，谁也无法阻挡。

科学主义、人本主义、全球主义、本土主义，终将被数字穿透力所征服。本土利益主义终将消失，人类中心主义将彻底终结，我们终将迎来人机和谐共生的全球科学人本主义。

我们在未知—已知—未知……中进步。

自古以来，我们的哲人们一直坚持不懈地寻找真理，人类自身的进步正在告诉我们：真理的感知受不同视角的影响。

如今，我们的视角不再停留在单纯的生物人视角，在全新的双脑世界视角里，我们暂时找到了新共同体的共生中枢。人们开始探索人机知识集成的环境变迁及涌现的特定条件的可控性问题。也许真理就在社会大脑里，双脑世界的真理就是不断演化的社会大脑类心智的判断与结论。

这是一次传统认知形态的批判，一次人类发展理论的批判。

找到了这个社会大脑发育与类心智演化的机理，人类从此分化，那我们也就不再担心我们有变成"非人"或被"非人"侵害的危险了。

双脑的世界，必将在不断更新已知的进程中，走向全球范围共同的人机和谐与幸福。

人去向了哪里？

知识去哪儿了？最终落到了：人去向了哪里？

当我们迎来了双脑的世界，我们的认知基础还会是哲学前辈们所依赖的单一生物脑吗？

人类心智是生物脑于不同环境变化的应对反应，在心智（认知与能力）的成长过程中，家庭、周边亲人、教师、同事等不同角色所起的作用，在不同的阶段发生着不同的变化，这就要求心智成长的整个过程中的不同角色，应当适时地自觉进退。

然而，智能技术的高速发展，根本性地改变了这种变化。

一方面，非现场化使得人脑智慧无处不在，周围环境变得无边无际，各角色很难在非现场的无序中自觉地"退却"。另一方面，机器知识大量涌现，人们生活更趋向非现场的强现场感需求，长期成长于智能算法的偏好中，人们的知识面与认知宽度，越来越狭窄。

第二阶级正是在这种"可以重来与不可重来"（完全的虚拟世界与扭曲的非现场真实世界）自我绑架的交替中，逐渐、逐渐远离了真实的世界。

告别了单一的人脑社会，人类从此分化。

A. Ban, E. Feigenbaumedited. *The Handbook of Artificial Intelligence: Volume* Ⅱ [M]. Oxford: Butterworth–Heinemann, 1982.

D. Gunning, M. Stefik, J. Choi, et al. XAI—Explainable artificial intelligence[J]. *Science Robotics*, 2019, 4(37): 1–67.

Graham Day. *Community and Everyday Life*[M]. London: Routledge, 2006.

L. Lessig. Law regulating code regulating law[J]. *Loyola University Chicago Law Journal*, 2003, 35: 1–14.

Michael Wooldridge. *An Introduction to Multiagent Systems* [M]. Hoboken: John Wiley & Sons, 2009.

N. J. Nilsson. *Principles of Artificial Intelligence*[M]. Berlin: Springer Science & Business Media, 1982.

R. E. Park. Human ecology[J]. *American Journal of Sociology*, 1936, 17(1): 15–19.

S. Hassan, P. De Filippi. The expansion of algorithmic governance: from code is law to law is code[J]. *The Journal of Field Actions*, 2017 (Special Issue 17): 88–90.

S. Sharma. *Data Privacy and GDPR Handbook*[M]. Hoboken: John Wiley & Sons, 2019.

E. 哈钦斯. 荒野中的认知 [M]. 于小涵，严密，译. 杭州：浙江大学出版社，2017.

R. E. 帕克，E. N. 伯吉斯，R. D. 麦肯齐. 城市社会学 [M]. 宋俊岭，吴建华，王登斌，译. 北京: 华夏出版社，1987.

埃德加·莫兰. 伦理 [M]. 于硕，译. 上海: 学林出版社，2017.

埃米尔·涂尔干. 社会分工论 [M]. 渠敬东，译，北京: 生活·读书·新知三联书店，2017.

埃文·汤普森. 生命中的心智: 生物学、现象学和心智科学 [M]. 李恒威，李恒熙，徐燕，译. 杭州: 浙江大学出版社，2013.

安东尼·吉登斯. 现代性的后果 [M]. 田禾，译. 南京: 译林出版社，2000.

布鲁诺·G. 巴拉. 认知语用学: 交际的心智过程 [M]. 范振强，邱辉，译. 杭州: 浙江大学出版社，2013.

达雷尔·布里克，约翰·伊比特森. 空荡荡的地球: 全球人口下降的冲击 [M]. 闾佳，译. 北京: 机械工业出版社，2019.

段伟文. 走向科技时代的科技哲学发展概观 [J]. 长沙理工大学学报（社会科学版），2021，36（1）: 1–16.

弗里德里希·尼采. 快乐的科学 [M]. 黄明嘉，译，上海: 华东师范大学出版社，2007.

郭喨. 物种民主: 对人类中心主义环境哲学方案的超越 [J]. 科学技术哲学研究，2015，32（3）: 67–72.

郭明哲. 拉图尔的行动者网络理论（ANT）研究 [M]. 北京: 中国文史出版社，2014.

韩震. 当代和谐社会建构中的文化认同问题论纲 [J]. 山东社会科学，2008（11）: 5–8.

郝大维，安乐哲. 期望中国: 中西哲学文化比较 [M]. 施忠连，何锡蓉，马迅，李瑆，译. 上海: 学林出版社，2005.

黄侃. 认知科学的方法论探析 [J]. 哲学动态，2016（12）: 85–90.

雷·库兹韦尔. 灵魂机器的时代：当计算机超过人类智能时 [M]. 沈志彦，王晓东，祁阿红，译. 上海：上海世纪出版集团，2006.

雷·库兹韦尔. 奇点临近 [M]. 董振华，李庆诚，译，北京：机械工业出版社，2011.

李慧凤，蔡旭昶.“共同体”概念的演变、应用与公民社会 [J] 学术月刊，42，2010.

诺曼·道伊奇. 唤醒大脑：神经可塑性如何帮助大脑自我疗愈 [M]. 闾佳，译. 北京：机械工业出版社，2016.

潘恩荣，张为志. 无科学 不哲学 [N]. 中国科学报，2018-12-24（07）.

唐孝威. 一般集成论：向脑学习 [M]. 杭州：浙江大学出版社，2011.

唐孝威. 一般集成论研究（第二辑）[M]. 杭州：浙江大学出版社，2017.

奚颖瑞. 数学、逻辑学与现象学：论胡塞尔思想的发端 [M]. 杭州：浙江大学出版社，2018.

亚当·斯密. 国富论 [M]. 北京：中华书局，2018.

亚瑟·叔本华. 人生的智慧 [M]. 杨立华，译. 上海：上海文化出版社，2020.

杨成寅. 成中英太极创化论 [M]. 杭州：浙江大学出版社，2012.

尤尔根·哈贝马斯. 交往行为理论：行为合理性与社会合理化 [M]. 曹卫东，译. 上海：上海人民出版社，2004.

于小涵. 认知系统性的研究：基于分布式认知的视角 [M]. 北京：中国社会科学出版社，2013.

张汝伦. 现代西方哲学纲要 [M]. 上海：上海人民出版社，2016.

张为志. 非现场经济意识 [M]. 杭州：浙江大学出版社，2016.

张为志. 社会大脑：智慧共享体系的形成与演化 [M]. 杭州：浙江大学出版社，2017.

人工智能正在改变世界贸易方式 [①]

新一代信息技术与智能技术的发展，推动了人类社会的不断进步。

智能技术的集成成果，造就了人类社会活动的主形态，也从农耕文明的分散现场，发展到了工业文明高度集中的现场化，最终发展到了智能文明的高度非现场化。

伴随着智能科技的发展和智慧共享体系的到来，人们的社会活动也就不再停留在基于某个场景、环境或某种理解下的交互，而是进入了尝试逾越传统大脑思维能力和因果推理的鸿沟。

此时，智慧共享体系完成了社会大脑的孕育与演化进程，智能体共同体成长为一个具有一定认知层抽象思维的人机共同体。最后共同赋予了人机联动的社会大脑的自主判断、决策和行动能力。

这种由技术集成与社会集成的人机智慧，首先反应在了早期智能社会经济数字化发展的新范式上，促进了传统贸易、产业、服务的快速数字化融合。图 1 所示的智能技术推动的贸易数字化，不仅引领了消费升级，也在改变全球消费者与产品、市场参与主体的关系，呈现出了价值向心递增的发展

---

① 转载自张为志. 人工智能正在改变世界贸易方式 [EB/OL]. （2020-07-12）[2021-12-25]. http: //m.yicai.com/ news/100697098.html. 作者系商务部（许可证局）贸易数字化专家委员会委员、浙江大学科学技术与产业文化研究中心学术与课题协调负责人。

效应，导致了几何式（N^2）^{2}的超高价值区形成。图 2 所示贸易数字化开始推导实现以数字消费为起点的"按需生产"数字化模式。此时，人们的社会活动从直接的非现场需求，进一步演化为非现场的现场感需求，并向非现场的强现场感需求发展。以人工智能技术为主的产品画像与产品数字流，不再是单纯为了产能增效的分割式产业数字化，而是将整个产业数字化规划，融入整体的贸易数字化体系中。

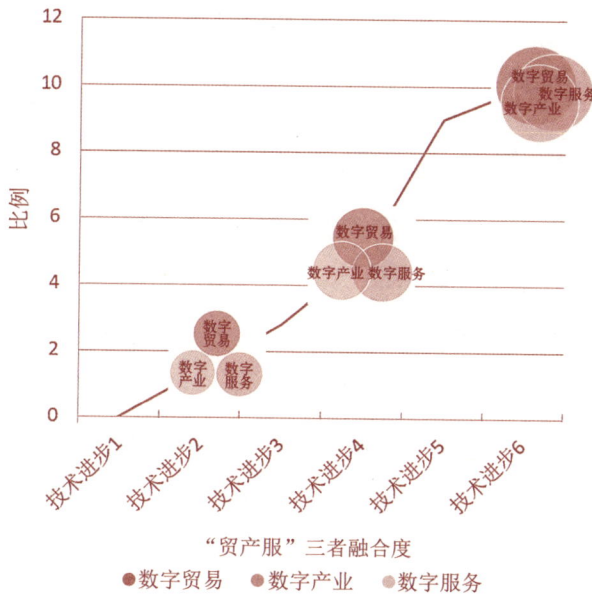

图 1 智能技术推动了"贸产服"三者融合发展

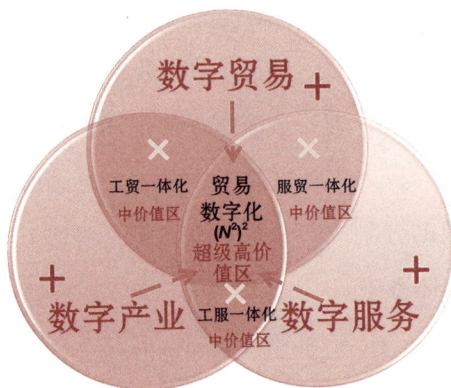

图 2　市场导向的贸易数字化及价值递增的向心发展示意

在数字穿透力作用下，数字全球化逐步替代了以现场经济为主的经济全球化，数字经济高质量发展及优质数字企业争夺与输出，成为各国竞争的焦点。世界范围经济活动呈现出了"3+2"的贸易数字化特征。即产业数字化、服务业数字化、贸易数字化三者融合发展，带动了国内外经济双循环的高质量发展。

智能技术支撑的贸产服三者融合数字化发展的高价值重叠区，既是当下不同企业利益增长的追求所在区，也将是初级智能时代全球区域经济发展竞争的新焦点区。

非现场、非现场的现场、非现场的强现场，这是智能社会经济演化发展的必然轨迹。

从世界范围看，全球经济在 20 世纪基本依赖于实物、服务和金融的流动。自 21 世纪开始，经济全球化面临瓦解的挑战，数字全球化开始成为国际社会的焦点，全球经济将被数据和数据流重新定义。

借助于智能技术的发展，人工智能开始介入"贸易数字化"的进程，国与国、地区与地区之间的贸易合作也逐步从可信任贸易者向可信任贸易方式转变。

（一）贸易数字化与非现场经济

科学技术系统的自洽性演化，决定了世界政治、社会、经济秩序的路线之争下的共同体构建。这种新型共同体必定带有时代的数字化特性，也将逐步承担起新全球化与世界新秩序的重构重任。

在数字全球化这个进程中，智能科技促成了信息经济向智慧共享经济的一次超越，智能化程度时间节点有以下 3 个标志：模拟传输向数字化传输转变、传感网与互联网的结合、智能科技与信息与通信技术（ICT）的结合，特别是人工智能技术的介入，信息交互功能转向了借助于智慧共享体系的智慧劳动应用，展现出来最为直接的典型社会特征是：由现场活动占比为主的社会活动形态逐步转向了非现场活动为主的社会形态。它揭示了科技集成发展而来的智慧。

共享体系的新社会主特征，是人类历史进程中一个重大文明期的符号。

我们可以根据不同时期社群结构与主活动形态的变化，把以自然经济为代表的分散式现场交易、分散式现场管理为主特征的古代称为第一文明期；以市场经济为代表的两次工业革命集中式高度现场化为主特征的时代称为第二文明期；以高效非现场化为代表的智慧共享社会称为第三文明期，我们称之为非现场经济文明。

非现场经济（off-site economy）是指在智慧经济时代以智能化程度为时间节点，由智慧劳动引起，与质能经济相对，反映当今社会由非现场活动的加剧而带来的社会经济变化，以及随之而来的一系列经济现象和经济活动。

非现场经济不是虚拟经济，也并不覆盖实体经济，非现场经济不存在实体经济与虚拟经济之分，看上去实体经济与虚拟经济或数字经济对立，也确实存在着很多层面上对立。然而，放到非现场经济视野，这一切就是一个整体，你中有我，我中有你。这要求实体经济去顺应非现场经济引发的社会变革，即传统企业顺应非现场经济的发展趋势转型为新的非现场实体经济。非现场经济是各种技术集成和新时代新社群交易中各种利益的交换实现机制的大集成，不是由单纯的互联网或单纯的 ICT 支撑，也就不再是简单的互联网化或"互联网 +"就能完成的。

我们知道，工业文明时期，贸易与产业相对分离，且基本是产业导向贸易，贸易服务于产业。进入数字时代初期，很多人自然而然地受这种思维惯性的影响，提出了数字贸易与数字产业。我们则认为，随着技术与智慧共享体系的成长，产业能力不断上升（很多产业还是出现产能过剩的现象）。此时，作为产业辅助地位的贸易，逐步演化为了贸易数字化（off-site trade & industry）导向产业（或称为市场数字化导向）的趋势。

这里不再是贸易与产业分离的各自数字化，而是利用数字化将贸易与产业深度融合，以全链程数字化实现市场数字化导向产业，我们提倡包含了产业数字化的"贸易数字化"概念。它首先建立在智慧共享体系形成的认知上，以高新技术（涵盖所有 ICT 及人工智能的多系统）集成协同作用为定义原则，这就从理论基础上抛开了当下以欧美为主的数字化定义狭窄路线。

贸易数字化是指：充分利用各种科技集成成果，使得贸易主体、制造主体、服务主体、公共管理主体，以及产品、原辅材料、资本被允许以数字形式而自由移动，不管个人和企业的国籍和所在地为何处，都能够在公平竞争、消费者和个人数据被保护的条件下，安全流畅地接触和使用在线、局部在线或线上线下结合的经济活动。其特征是：依靠科技集成力量实现高度信任的透明、参与者自由的市场经济行动，以获取自身需要的便捷、平等、安全的竞争力。

（二）人工智能与贸易数字化

贸易数字化不只是传统意义上贸易的数字化，而是从数字贸易化为先导，涵盖了以下内容的新型数字化发展：贸易撮合数字化（线下、线上及相互结合的数字化销售等）；贸易执行数字化（本国本地区及跨境的物流、仓储、关务、许可证、税务等）；贸易服务数字化（市场服务、公共服务、口岸服务、争议解决机制，以及商检、金融、保险等）；市场主体数字化（所有贸易参与方、贸易主体、服务主体、生产主体等）；产品数字化（所有成品、半成品商品、原辅材料、大宗商品等）；产业链数字化，含制造业的整个产业链上下游与产业流通环节与产业资本的数字化。

贸易数字化是智能科技集成协助的产物。如今，人工智能也已开始全面介入贸易数字化的各个环节，我们稍加观察贸易撮合数字化与贸易执行、贸易服务数字化等环节的人工智能介入情况，就可得出一个初步结论：贸易数字化的实现，离不开人工智能技术。

1. 贸易撮合数字化

随着人工智能介入的智慧共享时代来临，全球经济数字化广泛渗透到各国社会经济的方方面面。智能科技快速发展的今天，以数据为核心，以数字化为基础，强化运用大数据、云计算、人工智能、虚拟现实等技术，极大地提升了贸易撮合的效率，在线贸易撮合已经成为贸易形态的主形态，各国已经进入了网络营销的时代。

由于在网络营销中，内容消费成为主流，各国企业纷纷借助先进技术开展有效产品研发，向社会输出精准营销产品。然而，精准的用户画像、产品画像、市场画像等都离不开人工智能与大数据的参与。人工智能技术的应用成为网络营销的主要方向，人工智能的内容表现已经成为时代进步的主流。

从某种意义上讲，贸易撮合数字化的竞争，不再停留在信息化层面，而是取决于人工智能技术发展及其应用的深度竞争。

2. 贸易执行与服务数字化

贸易撮合数字化达成的贸易合约，需要高效全面的实际执行，这将涉及商品交割、运输、仓储、支付、结算、税收、市场准入、监管等一系列问题。特别是跨国贸易，不仅涉及各国多环节分割，更涉及各国不同的主权、利益、法律、文化。传统的多渠道跨系统跨国界的人工作业或单纯的信息化，已经无法满足日益全面化的贸易数字化需求。信息化只能解决信息或数据的传输渠道问题，无法解决被传输的信息或数据内容与格式是否满足对方所在国合规需求的问题。打个形象比喻：一个 A 型血的人为了抢救一个 B 型血的人，不是简单找个医用输血管的问题，而是 A 型血如何转化为合规的 B 型血的难题。

在跨国贸易数字化领域，我们同样遇到这样的难题（即不同国家的不同法律、不同文化体系的法律文本合规转译问题）。数字贸易具有跨文化跨法律体系的特征，涉及大量不同的文化与规则，法律单靠人为的理解，不仅耗费大量的人力物力，也为主观性选择（包括主观恶意）创造了机会。这一难题光靠信息化无法解决，而人工智能有了用武之地。我们称之为：计算机法律解读技术。

计算机法律解读技术首先建立和完善各国口岸的法律数据库（如不同血型的基因库），包括程序法（如各国口岸报文的数据格式 XML 等）和实体法（如各国口岸的各种商品编码、税则、法规要求、许可制度等），然后采用计算机法律解读技术（主要是自定义标准中间转译库的人工智能语义解读、专家系统与机器学习技术等）实现多边口岸法律文书的自动生成与合规转译。

目前计算机口岸法律解读技术（人工智能技术应用于跨国贸易数字化）的首个实践案例已经在中国成功诞生，推点科技的 TEGGS 系统借助人工智能技术，可帮助企业在全球范围口岸文档的归类、关务查询、制单委托环节上节约人工成本，可完成双边或多边的整套清报关电子文档集自动生成与衔接任务。

人工智能技术与跨境电子证据链的合规共享融合应用，实现了跨国贸易数字化的通得快、管得住。

3. 贸易数字化导向的产业数字化

随着贸易撮合、执行、服务的全面数字化，消费权利发生了数字化转移，这不可避免地将涉及所有产品、市场主体数字化融入，以提升整个贸易数字化的实际效能。

贸易数字化不仅引领了消费升级，也在改变全球消费者与产品、市场参与主体的关系。贸易数字化开始推导实现以数字消费为起点的"按需生产"数字化模式。此时以人工智能技术为主的产品画像与产品数字流，不再是单纯为了产能增效的分割式产业数字化，而是将整个产业数字化规划，融入整体的贸易数字化体系中。贸易数字化开始快速融入实体经济中，以消费者需求为导向，引导产业形成井然有序按需生产的数字模式。

人工智能支撑的贸易数字化，推动着产品及产业的质量变革、效率变革、动力变革，实现了产业数字化转型升级，发挥着对传统产业与企业产业链、供应链、价值链改造提升与重塑全球产业数字化价值链的先导作用。

贸易数字化是建立在科学技术发展的基础上，涉及先占优势与底层整体数字贸易的技术中立和非歧视问题。然而，在单边主义盛行的今天，技术先占优势被放大，技术中立和非歧视被实际壁垒所替代。因此持续保持技术优势和共同体成员之间技术互助成为贸易数字化竞争的聚焦点。我们应充分发挥后发优势，以及相对于"一带一路"相关国家的技术优势，向这些国家提供力所能及的技术支援，在推动本国企业数字化转型的同时，加速人工智能及电子证据链技术在贸易数字化中的应用，积极帮助一些国家的企业快速实现数字化转型，共同搭建安全、自由的"一带一路"数字共同体。

在当前严峻的国际环境和全球经济衰退的背景下，以贸易数字化为工具，借助于人工智能技术（特别是计算机法律解读技术）和加密算法、电子单证统一标签、分布式数据存储技术等，将贸易数字链透明化，使得贸易参与单位之间与离岸贸易实现全程全量的高自由度、低摩擦率连接。在贸易数字化全链程推进的同时，我们也应积极介入布局最为基础的跨境贸易数字化入口，直接入手国际消费端数字化，抢占时间窗口，加速参与"一带一路"相关国家下沉市场数字化布局，打造各国 15 分钟数字便利生活圈，从消费端开启"一带一路贸易数字化共同体"建设进程。人工智能的深度介入，一方面通过大幅度降低人工成本，提升了数字贸易的竞争力；另一方面加强了数字贸易影响评估和对策研究的准确性。

当下，WTO 或全球化组织在数字贸易方面的谈判基本上处于无实质性进展状态，各国则通过一系列双边与多边协定将自己的定义和规则推向世界市场。中国适时开展贸易与产业结构性的数字化创新，充分发挥在人工智能、5G 网络技术、物联网技术等数字技术的领先优势，大力推进"一带一路"贸易数字化合作与布局。通过"自内而外"的贸易数字化区域性结构创新，推进"一带一路"贸易数字共同体建设，进而建立起公平合理的数字全球化新秩序。

致
谢
ACKNOWLEDGEMENTS

时光匆匆如流水，转眼已是人工智能的时代。

在最初试图以哲学视野，开展跨学科研究时，我还是颇有顾虑的，最大的难题在于自己对智能技术和科技哲学缺乏足够的了解，应对神秘瑰丽的智能世界，茫茫然不知从何处下手，几经酝酿思索，在各界的鼓励和帮忙下，最终确定从科技哲学入手，展开非现场经济与双脑世界尝试性的分析研究。

撰写到此，我由衷地感叹学习、学习、再学习的重要性。这种学习不再是孤立的自我学习，而是从生活、从社会中不断学习。

自 2008 年我提出"移动终端支撑下的非现场经济"和"智慧共享体系"的研究设想，这一路走来，得到了浙江大学、美国夏威夷大学、北京大学、浙江师范大学、华东政法大学、卢森堡大学、联合国国际贸易中心、浙江大学出版社，以及政府各相关部门和行业协会等多位领导、导师、同仁、同学的帮助与支持。特别是在最初只是一个朦胧不成熟的说法时，得到当时的浙江大学胡振宇博导与当时的浙江大学校领导等的大力支持，学校发起创办了浙江大学创新研究院与首个专项研究所（浙大圆正移动智能研究所），我有幸担任该研究所的首任主任。从此，非现场经济与智慧共享体系的研究，正式进入启动期。这项研究过程，一直得到美国夏威夷大学哲学系成中英教授、安乐哲教授、浙江大学唐孝威院士、罗卫东副校长、盛晓明教授等的及时鼓励和支持。随后，浙江大学哲学学院各位老师更是在科学哲学和认知哲学方面给予了长期的指导和帮助，如盛晓明教授、李恒威教授、倪梁康教授、丛杭青教授、廖备水教授、潘恩荣教授、陈亚军教授、张立副教授、白惠仁研究员、于小涵博士等，浙江大学计算机学院张寅副教授、经济学院陆菁教授、管理学院吕佳颖副教授、浙江理工大学刘雁飞副教授等学者也多次参与讨论并给予了大力的支持和鼓励。我也非常感谢 TEGGS 的研发人员的参与，以及直接参与本书整理与翻译工作的浙江师范大学的刘建敏博士、浙江工业大学阮凡博士、卢森堡大学乔丽莎博士、泰国清迈大学的毛佳丽硕士，谢谢你们的联合研究和付出的各种辛劳。

正是他们的帮助与鼓励，促使我不断去学习掌握不同的学科知识，支撑着我持续地去思考探索人机共生秩序的相关问题，才有了今天的《逃离绑架——双脑的世界》一书的出版。

在此，我也由衷地向所有关心、关注、帮助、支持我的家人、亲朋好友、学界同仁、行业人士，以及各支持单位、团体、机构，表示衷心的感谢。

加快人工智能发展步伐

　　科学技术与社会（science technology and society，STS）主要探讨科学研究和科技发展与社会、政治和文化之间的相互关系，聚焦科技社会所面临的复杂挑战、科技发展的社会意义、科技的风险与争议等问题。该方向不仅与科学哲学、技术哲学、科技思想史、科技文化、生态哲学等科技哲学研究交叉，还与社会学、管理学、经济学等学科有关科技和创新的研究联系密切，所研究问题衍生出科技与经济、科技与创新、科技与文化、科技与环境、科技与传播、科技与教育、科技与军事、科技与心理、科技与法律等分支领域。

　　近代以来，哲学与人文学科追求的是人类社会的"普遍性"和"客观性"。科学技术与社会研究日渐吸收了由科技的社会建构理论发展而来的科学技术研究的方法，从概括性的研究转向对科技社会整体中的互动机制的分析，在具体情境中探析科技实践的动态结构与发生过程。

　　如今，智能科技的发展，导致了现代性与后现代性思想的演化，使一切原有的价值、秩序和规范的超验基础寻求，都失去了其魅力，责任穿透阻挡

与实用主义 ① 行动效果的不确定，动摇了人类作为万物之灵的地位，已经触碰了智能世界人"之所以为人"的全新认知边界。

《逃离绑架——双脑的世界》期望引发的不是人工智能本身或某个人工智能技术带来的直接的后果研究，更不是科幻式的臆想，而是以"认知科学为先导"，深度探知新文明思维的"知道"与"理解"。

这是一次超越认知形态的新环境认知思维创化。②

首先，"观察角度"不同。我们不再停留在人与自然的二元世界的认知基础上，而是从人、机、自然同在物理世界、生物世界、精神世界的"一元宇宙"中来观察。我们既看到人类存在的现实和人类价值，也看到人的人机社会共存的现实和人机社会价值，同时也注意到人个体的存在的现实和个性价值。这不是人类中心主义的"以人为本"，而是智能世界认知下的"以人为本"，具有多重性的概念。这里的"人"既是主体，又是客体，是主客体的统一，是"你""我""他"，以及"它""它们"的和谐统一。

其次，"关系建构"的内涵不同。这不再是理论意义上的人与人之间的利益关系建构，而是回归到了人的基本权利保障与天性尊重的问题上。把人类基本权利保障放到了人机共生的环境里，将个体行为、他人行为、机器行为一起与人机社区联结、与人机社会联结、与自然世界联结。社会大脑把整个宇宙世界和人类世界联系在了一起，直到通过社会大脑建立起了人、机、自然相依为命的生态。这不仅仅是人与人或民族国家等各种人类组织共同体，而是每个生物人个体、生物人群体与独特的机器智能体及大自然集成一体的共同体。

再者，"价值目标"的追求不同。人机共生体的价值目标是为了物理世

---

① 实用主义（pragmatism）是从希腊词 πραγμα（行动）派生出来的。产生于19世纪70年代的现代哲学派别，在20世纪的美国成为一种主流思潮。实用主义的根本纲领是把确定信念作为出发点，把采取行动当作主要手段，把获得实际效果当作最高目的。
② 这里受盛小明教授在《社会大脑》序中观点的启发。

界、生物世界、精神世界的和谐均衡发展，最终在这种和谐中实现人类的集体价值的可持续性。近现代西方人本主义在反对迷信、崇尚科学，反对专制、崇尚自由，反对神性、张扬人性，反对封建主义、推进人的解放的过程中起到过一定的积极作用。但是，他们强调对人存在的主观体验，强调人的主体性、人的自由和个性解放，即以往的人本主义重点关注的是个人的解放和价值发展。人机共生共同体不仅要实现生物人的个性发展，更重要的是把尊重人、解放人、依靠人、为了人和塑造人作为价值取向和价值目标放在了实现人机混合社会全体成员的全面解放和全面发展之中，这是科学主义与人本主义融合的结果，是人机共生环境的个体主义与集体主义统一的世界观和方法论。

最后，"人文精神"的基础不同。现代与近现代哲学以人为本的思想，除了与以神和自然为本的观念相对立以外，还常常与以物（不是自然物，而是社会意义上的物，如商品乃至货币）为本，与社会整体或制度为本等观念相对立。纵观近几百年来的历史，人与自然的关系、人与人的关系（社会关系）、人自身身心的关系，日趋紧张、恶化，其中重要的原因之一，就是整体性的人文精神的丢失。传统的人本主义从它的产生、发展过程来看，虽然在客观上会对特定时空的社会实践产生积极影响，然而这些只不过是人们建立在单纯生物人社会的基础上的积极影响，对生物人内部或生物人与其他事物和社会现象之间关系等的探讨，很大程度上忽视了智能科技大发展下的"天人合一生态学"理念，这里的"天"包含着宇宙一切，当然也就包含着智能科技发展的成就和引发的一系列变化。

忽视了利用复杂性理论来互补发展，近现代哲学的人本观便难以成为智能世界的人机共生行为指南。科学的态度辅之以和谐仁爱意识和生命情怀，以及尊重人的天性的原则，是我们在思考人机共生各种问题，也是我们处理人机共生各种事务的出发点和归宿。对人机关系的理解与宽容，应该是人类对待包含人工制品在内的自然万物最合理的态度，从而构建出了双脑世界人文精神多元文化融合发展的"多元多级一元论"的类心智哲学思维模型。

双脑世界的人机共生社会模型，已经悄悄来临。

高效非现场的强现场感生活场景，正逐步展现在我们眼前。数字化的非现场，彻底脱离了地理空间的束缚，整个社会经济也就逐步脱离了现场的控制和巨大影响力——或者说，都被一个非现场的物体所控制，被某种技术自增强、互补性效率调控了，它的规律不再受现实要素影响，而是被一种共享智慧体系的自身增长力所控制，这是一种由深度依赖而引发的实质控制。具有特定意义的机器知识符号也在人机共生的新情境之中，开始确切地表达其新含义，生产系统、制造系统、贸易系统和社会公共管理系统等均将转变为非现场的社会大脑类心智调控系统。

现场始终还是有人在，许多生产与服务还是要依赖于现场作业，但它将逐渐被非现场的形态所调控，一个全新成长起来的全球性社会大脑正在控制着你我所有的肢体（生物人的灵性不在本书讨论之列）。不论你从事何种职业，不论你身处何地，也不论你在哪个国家、属于哪个阶层，最终都逃脱不了无疆界智慧共享社会大脑"类心智"的控制。

我们避不开，那就不如快速迎上去。

科学技术发展的初期，一方面在人的权利与本土利益思维的支配下，加大了科学主义与人本主义、全球主义与本土主义之间的矛盾；另一方面高新智能技术又具有不可阻挡的穿透性，穿透着科学主义、人本主义、全球主义、本土主义的界线。

这种发展与争夺、分裂与融合的矛盾，使得科学主义与本土主义、全球主义与本土主义的冲突越发激烈，甚至导致人类世界爆发因科技利益分配不均而引发的毁灭性战争。

智能社会治理将是一个全球化的问题，只有当出现共同的生存威胁时，不同地域、不同民族、不同文化、不同信仰的人，便会不约而同地迅速团结在一起。当高新科技穿透力强大到"足以使得本土主义无法独善其身"时，我们才迎来了全球科学人本主义这个发展的临界点。

非现场经济文明的转变，归根结底是全球人机共生政治统治方式的转变。我们可以利用高新智能技术的穿透性，快速通过这个临界点。也许，推进科学技术进步，加快人工智能等高新科技发展，是解决当下单纯生物人社会的地缘利益与地缘政治冲突对抗的必由之路。

这是人机共生生态的自适应，这种适应不完全是人为直接控制的，但脱离不了人的调控与主导。非现场经济文明展现出了真正意义上的非现场经济的兴起[①]。每个人通过社会大脑与社会人和智慧机器进行广泛的交互，建立在个人利益平等获取基础上的社会主体们，正利用智慧共享体系高效、无疆界的传输力和共享力，重新构建起了一个新的人机共同体。

我们可进一步试想下：在地球承载范围内，在社会大脑为基础的"类心智"光芒普照下，百亿机器劳动大军、23 亿社会人、1 亿新哲人，一起开启了双脑世界无比幸福的和谐生活。

这就是"天人合一"的天下仁爱观在现代科学背景下所给予我们的哲学启示。

我们终将迎来一个科学主义、人本融合的和谐的全球化双脑世界，一个真正追求自由、平等、公平、正义的全新命运共同体，人机共生的和谐状态在万物交互中实现了最大化，从而实现人类自身的"利己"，实现真正的普惠与共赢。

张为志

2022 年于浙江大学紫金港校区

---

① 张为志.非现场经济意识 [M].杭州：浙江大学出版社，2016.